고승 84인 설법집

名설법 名법문

(I)

弘法院

고승 84인 설법집

名설법 名법문

(I)

弘法院

간행의 말씀

"불자들이여, 이제 전법傳法의 길을 떠나라. 모든 사람의 이익과 행복을 위하여 두 사람이 한 길로 가지 말라. 설법은 처음도 좋고, 끝도 좋게 하라."

잡아함경 39 · 16에 있는 말씀입니다.

부처님께서 깨달으신 후 제자들에게 부촉한 전법선언傳法宣言은 오늘 날 한국 불교가 해야 할 일이 무엇인가를 단적으로 일깨워 주신 교훈입니다.

한 사람이라도 더 많이 불법佛法을 전하기 위해 '두 사람이 한 길로 가지 말라' 고 까지 당부하신 부처님의 간곡한 뜻을 우리는 충분히 헤아릴 수 있습니다.

그러나 불행하게도 한국불교의 현실은 부처님의 '전법선언 정신' 이 어느 때 보다 위축되어 있습니다. 특히 해방 이후 서구종교의 폭발적인 교세확장과 무분별한 전도 활동으로 인해 불교는 상대적으로 깊은 좌절과 침체의 늪에 빠져 있음은 부인할 수 없습니다. 심하게 표현하면 그나마 있던 불자마저도 타종교에 빼앗기고 불교자체의 존립마저도 위태로울지 모르는 상황입니다.

이 같은 상황이 도래한데는 그럴만한 이유가 있습니다. 그동안 우리들의 신행자세를 돌아보면 조탑조사造塔造寺와 불공만이 최고의 공덕이라고 믿어온 것이 사실입니다. 그러다보니 종교의 생명이라 할 '전법의 사명' 은 소홀하게 되었습니다.

수많은 경전은 이렇게 가르치고 있습니다.

"만약 선남자 선녀인이 칠보七寶로 삼천대천계를 장엄하고 제불보살께 공양 예배하는 공덕보다도 부처님 말씀 가운데 한마디 사구게四句偈를 다른 사람에게 전해주는 공덕이 더욱 크다." 하였습니다.

전법傳法은 곧 불자가 공덕을 쌓는 가장 뛰어난 길이며, 그것은 바로 불자의 사명이라 하겠습니다. 부처님의 말씀을 전하는 사람은 반드시 법사法師만이 아닙니다. 모든 불자가 전법에 나서라는 것이 부처님의 유촉입니다.

바라건데 전국의 모든 사암에서 매주 1회 이상 대중을 위한 설법회를 의무적으로 시행할 수 있도록 종단차원에서 법을 제정해 실시한다면 포교는 크게 활성화되리라 믿습니다.

홍법원이 문서포교를 시작한지 40년을 맞이하여 한국불교를 빛내주신 근현대 고승인 경허 · 용성 · 만공 · 전강 · 성철스님 등 여러 선지식과 원로 대덕 큰스님 235인의 법문원고를 모아 법어집(5권)을 간행하게 되었습니다. 〈고승법어〉 3권의 차례는 생년월일 순에 따랐고, 〈名설법名법어〉 2권은 법명의 가나다순으로 정하였습니다.

그리고 〈名설법名법어〉의 원고는 1987년 4월부터 1990년 2월까지 3년간 불교신문에 연재됐던 「설법」과 최근에 수집한 원고를 추가하여 출간하였습니다.

지면관계상 더 많은 스님들의 법어를 실지 못한 것을 아쉬워하면서 아무쪼록 이 법어집이 큰스님들의 진면목眞面目에 한 점 허물도 없기를 간절히 바랍니다.

이 법어집을 통해 여러 스님들과 법사님들께서 설법자료로 활용해 주신다면 어둔 밤길을 밝혀줄 한 줄기 큰 횃불이 되리라고 확신합니다.

끝으로 이 책이 나오기까지 격려와 지원을 해 주신 원로대덕스님과 각 문도회 여러분 그리고, 문서포교를 위해 재정적 지원을 해 주신 범종사 김철오 회장님께 지면을 빌어 깊은 감사를 드립니다.

불기 2551년 4월

홍법원 대표 길상 합장

차례

覺賢 연꽃마을 이사장

1944년 출생
1968년 법주사에서 월탄스님을 은사로 득도
1974년 청계사 주지
1978년 홍콩 홍법원 원장
1990~2006년 연꽃마을 이사장
1997년 청주불교방송 사장
2000년 한국노인문화진흥회 공동회장

七曜바라밀의 실천

대승불교 수행의 총칭을 바라밀波羅密이라고 합니다. 바라밀은 범어 바라밀다(paramita)를 음사音寫한 말로 번역으로는 도피안到彼岸 즉「저 언덕에 이른다」는 뜻입니다.

우리가 살고 있는 현실세계를 고통의 삶이 계속되는 차안此岸이라 할 때 피안彼岸은 곧 이상세계를 뜻하는 것이고 그 이상에 이르고자 하는 노력이 바라밀입니다.

바라밀의 종류는 대표적인 것으로 6바라밀 · 10바라밀 등이 있습니다. 널리 알려진 보시布施라든가 지계持戒등은 대승불교 수행자가 반드시 실천해야 할 덕목입니다.

"만약 백천만겁을 두고 불법을 믿는다 해도 바라밀을 닦지 않으면 최상의 깨달음을 얻지 못할 것."

이라고 한 〈불모반야경佛母般若經〉의 가르침은 바라밀이 불자가 닦아야 할 수행의 기본임을 강조한 말입니다.

그러나 일상의 우리는 말로는 보시와 지계를 말하면서 실제로는 그와 반대되는 삶을 살기가 예사입니다. 때문에 우리의 삶은 더욱 각박해지고 소망스럽지 못한 일이 여기저기서 벌어지게 되는 것입니다.

우리는 일상의 삶에서 바라밀을 어떻게 실천해야 할까요? 어렵게 생각하지 말고 하루에 한가지씩 바라밀의 덕목을 실천해가면 쉽습니다. 예를 들면 1주일을 바라밀의 덕목으로 나누어 최소한 그날만은 그 바라밀의 한가지라도 실천하라는 애기입니다.

일요일日曜日은 해의 날입니다. 해는 만물에게 고루 햇빛을 비춰 자라게 합니다. 해의 날에 해당되는 바라밀은 보시布施바라밀입니다. 만물에게 햇빛을 주면서 보상을 바라지 않는 해처럼 이웃에게 아낌없이 베푸는 보시를 실천하는 날이 일요일입니다.

월요일月曜日은 달의 날입니다. 달은 1개월을 주기로 일정하게 차오르면 기웁니다. 만고이래 한번도 이 철칙을 어긴 적이 없습니다. 그렇다면 달의 날에는 지계持戒바라밀을 실천하는 날로 합시다. 월요일은 보살이 지키는 십중대계十重大戒와 48경계輕戒를 실천하는 날입니다.

화요일火曜日은 불의 날입니다. 불을 만드는 연료는 스스로 뜨거움을 참지 않으면 안됩니다. 그것은 인욕忍辱입니다. 어떠한 모욕이나 박해도 참을 때 삶에서 화려한 불꽃을 피울 수 있습니다. 불의 날에는 어떤 뜨거움도 참는 인욕바라밀을 닦는 날입니다.

수요일水曜日은 물의 날입니다. 물은 흐르지 않으면 썩습니다. 쉬임없이 흘러야 합니다. 대하大河와 장강長江은 끊임없이 흐르기 때문에 살아있는 것입니다. 중단없는 전진과 향상은 수행자가 닦아야할 정진精進바라밀 입니다. 물의 날은 정진바라밀을 실천하는 날입니다.

목요일木曜日는 나무의 날입니다.

"나무는 대지에 뿌리를 깊게 내려야 바람에 흔들리지 않는다."

는 〈용비어천가〉의 말처럼 우리는 선정禪定을 닦아 세속적 번뇌에 흔들림이 없는 인격을 갖추어야 합니다. 나무의 날은 마음의 동요를 없애는 선정禪定바라밀을 닦는 날입니다.

금요일金曜日은 금의 날입니다. 금은 세상에서 가장 빛나는 보배입니다. 순도높은 금은 닦을 수록 빛납니다. 인간의 지혜도 이와같이 닦아야 빛납니다. 금의 날은 지혜바라밀을 닦는 날입니다.

토요일土曜日은 흙의 날입니다. 흙은 세상 온갖 것을 다 받아들여 오묘한 생명의 싹을 키웁니다. 필요한 사람은 언제든지 흙을 쓸 수 있습니다. 흙이야말로 신통묘용의 방편方便입니다. 흙으로부터 방편바라밀을 배우는 날이 토요일입니다.

이렇게 1주일을 우리가 닦아나가야 할 바라밀의 덕목으로 배치해 1년 3백 65일 실천한다면 바라밀을 닦는것이 결코 어려운 일이 아닙니다. 우리 모두가 이같은 바라밀을 실천할 때 세상은 한결 밝아지고 우리의 인격도 높게 자랄 것입니다.

乾慧 東海市 三和寺 스님

껌값과 생계비

역사학자 토인비는 〈역사의 연구〉에서 국가멸망의 원인을 외부적 전쟁보다는 내부적 붕괴에 있음을 지적했습니다. 토인비가 말한 내부적 붕괴란 도덕적 타락과 부패, 사치, 주체적 결정권 상실 등입니다. 어떤 강대국도 이같은 내부적 붕괴에는 견딜 수 없으며 그것을 제거하지 못할 때 멸망을 자초하고 만다는 것이 역사의 길이었습니다.

기우杞憂일지 모르나 오늘날 한국사회는 토인비가 말한 국가멸망 원인에 해당하는 징후가 여러분야에서 심각하게 타나나고 있습니다. 특히 돈깨나 있는 사람들의 사치풍조는 마치 로 마가 멸망하던 때를 방불케 합니다.

들리는 바로는 서울의 유명백화점에는 비싼 사치품들이 즐비하다고 합니다. 어느정도냐 하면 손수건 한 장에 7만원, 보석박힌 스타킹이 14만원, 타조가죽 핸드백은 2백85만원, 일제양변기는 무려 9백50만원짜리 가격표를 달고 진열되 있다는 것입니다. 부자들이 보면 그야말로 「껌값」에 불과하지만 아직도 최저생계비에도 못미치는 저임금에 시달리는 가난한 이웃을 생각한다면 이들의 사치는 도덕적으로 비난받아 마땅합니다.

부자들의 무분별한 사치는 단순히 도덕적 문제로 끝나는 것이 아닙니다. 절대다수를 차지하는 서민들로 하여금 상대적 박탈감과 열등감을 심화시키고 나아가서는 사회전반에 과시적 소비풍조를 부채질 하는데 더 큰 문제가 있습니다. 사실 요즘 사람들의 소비생활을 보면 꼭 필요에 의해서라기 보다는 과시를 위한 소비가 더 많습니다.

서울시에 자가용 승용차가 3백만대를 돌파했다고 하는데, 업무상 꼭 필요에 의해 늘어났다기 보다는 남들이 다 타니까 나도 빠질수 없다는 체면 치레용이 적지 않다는 애기입니다.

지난 여름 내가 있는 두타산 무릉계곡으로 휴가 온 한 40대 회사원은 이렇게 푸념했습니다.

“남들은 다 자가용 타고 휴가 떠나는데 나만 혼자 아이들 데리고 버스타고 오자니 속도 상하고 창피도 하고 체면이 말이 아닙니다. 내년에는 빚을 내서라도 차를 한대 구입해야겠습니다."

이 사람은 빚이라도 내서 차를 살 수 있으니 그래도 나은 편이지만 당장 생계를 걱정해야 하는 사람은 얼마나 분통이 터질지 상상이 가고도 남습니다.

아무리 자기가 번돈 맘대로 쓸 수 있는 것이 자본사회의 특성이라지만 요즘 돈깨나 있다는 사람들은 해도 너무하는 것 같습니다.

이래가지고서야 어찌 노사분규가 안 일어날 수 있겠습니까.

다른 사람들의 입장은 아랑곳하지 않고 마음대로 돈을 뿌리며 사는 사람들은 다시 한번 생각해야 합니다. 과연 이 세상에서 혼자만 호의호식好衣好食하는 것이 도덕적으로 옳은 일일까요. 그리고 그같은 행위가 남에게 얼마나 고통을 주는 것인지를 살펴보았는지 깊이 살펴볼 일입니다.

부처님은 왕궁王宮의 호사도 마다하고 출가해 거친 잠자리, 목에 걸리는 음식으로 평생을 살았습니다. 아무리 육체를 살찌운다 하더라도 그것은 영원한 것이 아니며 죽음앞에 허무하게 쓰러질 것을 깨달았기 때문에 불멸不滅의 진리로 살기 위함이었습니다.

〈법구경法句經〉 62句는 이렇게 가르칩니다.

“내 아들이다 내 재산이다 집착하며 어리석은 사람은 괴로워 한다. 그러나 나의 「아我」란 없는 것이어늘 누구의 아들이며 누구의 재산인고.”

처량한 허무주의를 강조하기 위함이 아닙니다. 자신만을 위하는 사치를 버리고 이웃과 나누기 위해 우선 인간의 숨김없는 실상을 보아야 한다는 얘기입니다.

무분별한 과소비過消費를 절제하는 미덕도 여기서 생겨날 것입니다.

鏡岩 제천 송화사 주지

1943년 출생
1967년 태하스님을 계사로 득도
1973년 불입종 역경부장 제천 송화사 창건 · 주지(현재)
1984년 불입종 교육원장
1988년 불입종 총무원장

부처님의 오신 뜻

"인내忍耐는 자타自他의 평화를 낳는다. 자신이 노여움의 과실에 의해 더럽히지 않으면 자기를 평화롭게 함이요, 이미 분憤해하고 원망하지 않는다면 남을 괴롭히지 않는 것이 될 것이니 이것이 바로 남을 평화롭게 함이다."

무착無着이 쓴 〈섭대승론攝大乘論〉에 나오는 이 말씀은 한순간을 참지 못하고 남의 행복을 서슴치 않고 파괴함으로써 남은 인생을 그르치게 되는 중생들의 어리석음을 일깨워주는 말씀입니다.

스스로 기쁜 마음을 내지 못하고 감정에 치우쳐 일을 도모할 경우 자신의 이양은 물론 평화스런 삶을 결코 영위할 수 없다는 얘기입니다.

요즈음 신문 사회면을 펼쳐보면 온통 울음입니다. 하루에 십수명의 인명이 살상 되는가 하면 강간 마약 폭력 사기가 판을 칩니다.

청소년들의 잇따른 탈선행각을 비롯해 모델들의 마약복용사건 연예인에 대한 폭력행사가 요즘 사회의 형태를 이루고 있습니다.

여대생이 가스총을 들고 강도로 돌변하는 것은 물론 정부情夫의 꾀임에 넘어가 감당못할 빚을 진 여인이 네자매와 함께 동반자살한 사건등은 이 사회를 분명 우울케 합니다.

울음을 없애고 너와 내가 모두 편안한 평화사회를 만들자는 것이 부처님의 가르침입니다.

부처님의 말씀이 무시되는 사회는 혼란과 온갖 악덕이 범람합니다. 탁세濁世로 불려지는 이러한 사회는 세기말적 병폐에 시달려야 함은 두말 할 여지가 없습니다.

삼라만상은 평화의 원리 아래 공존합니다. 남을 시기하지 않고 침해하지 않는 평화의 법칙이 삼라만상의 존재원리입니다.

부처님이 자신의 혈족인 석가족을 멸망시킨 위디다바왕을 평화의 정신으로 대응했던 일화처럼 우리도 이 세상을 탁세로

부터 구해내야 합니다.

부처님은 〈묘법연화경〉 방편품에서 오늘을 이렇게 타이르고 계십니다.

"사리불이여, 모든 부처님께서는 더러움으로 가득 찬 오탁악세五濁惡世를 정화하기 위해 이 사바세계에 사람의 몸으로 오시느니라.

이른바 오탁五濁이란 세상의 혼란으로 오는 겁탁劫濁과 사람들의 번뇌가 차츰 치열해 지기 때문에 생기는 혼란인 번뇌탁煩惱濁과 사람들의 성질이 복잡해지기 때문에 생기는 혼란인 중생탁衆生濁과 사물을 보는 눈이 여러 가지로 나뉘어져서 삿되게 보는 견해가 세상을 휩쓸기 때문에 자연히 눈앞에 보이는 이익이나 즉시 효과가 나타나는 것만을 추구하기 때문에 생기는 혼란인 명탁命濁을 말한다. 사리불이여, 이와같이 혼탁한 세상이 되면 사람들의 번뇌가 쌓여서 인색하고 탐내며 질투하고 미워하는 마음이 치성하여 그로 말미암아 갖가지 악덕이 범람하느니라."

부처님은 이렇게 오늘날의 현실을 오탁악세로 예견하셨습니다. 그래서 우리와 같은 육신을 스스로 입으시고 수원수생隨願受生(=본원에 따라 태어나심)하신 것입니다.

부처님은 또 〈법화경〉에서 「我亦爲世父 救諸苦患者」라고 말씀하셨습니다. 세상을 구하는 분은 부처님이며 부처님은 사생四生의 자부慈父라는 것입니다.

요즈음 신神을 찬미하는 사람들이 신神만이 구세주라고 목청을 높이는 것은 부처님의 출세본회出世本懷(부처님이 세상에 오신 뜻)을 모르고 다만 나약한 마음에서 신神에 의지하고자 하기 때문인 것입니다.

지금이라도 늦지 않았습니다. 본래 갖춰진 영원한 생명佛性을 찾아 우리 모두 평화스런 불국사회를 이룩합시다.

鷄成 군종특별교구 부교구장

1956년 출생
1977년 동화사에서 서운스님을 은사로 득도
1983~88년 공군법사
1990년 법왕사 창건 주지
2001년 조계종 교육원 교육부장
전등사 주지
2006년 대구 유가사 주지

새 인연 맺는법

인간은 미지의 세계에 대한 두려움을 안고 살아갑니다.

그중에도 죽음에 대한 공포는 아주 커서 죽는 환상에 사로잡혀 괴로워 하기도 하고 혹 죽는 꿈을 꿀라치면 살아보겠다고 자다가도 벌떡 일어나는 것이 인지상정인 것입니다.

왜 우리 중생들은 죽음을 두려워 하며 왜 자신있게 죽지 못하고 거꾸로 매달려 사는 고통을 감수하고라도 이 세상에 사는 것이 좋다고 이야기 하는 것일까요? 이것은 무지의 소치요 선인선과善因善果 악인악과라는 인과율에 충실치 못하게 살아온 데서 오는 업보業報인 것입니다.

인생을 사는데 있어 미지(미래)의 세계가 꼭 두려운 것만은 아닙니다.

왜냐하면 희망에 부푼 미래의 꿈을 가지고 사는 사람도 있으니 말입니다. 세상을 자신있게 사는것 처럼 자신있게 죽음에 임할 수 있는 사람이 있다면 이 사람은 선인선과 악인악과의 인과율에 따라 세상을 착하게 살아온 부처님 제자중에서 나오리라 확신합니다.

과거에 자신있게 살았고 현재를 자신있게 살고 있고 미래를 자신있게 살 사람을 나는 인생을 가장 멋있게 사는 사람이라고 생각합니다.

이렇게 사는 사람은 부처님 말씀을 따라 충실히 산 사람이기 때문이니 말입니다.

희망찬 미래를 가지고 사는 사람은 꿈을 성실히 가꾸어온 사람이며, 미래의 희망이 없는 사람은 꿈을 가꾸는데 게으르거나 꿈을 가꾸지 아니한 사람입니다.

부처님은 말씀하십니다.

"현재를 보고 과거를 알고 현재를 보고 미래를 안다."

이것은 〈삼세인과경三世因果經〉에 있는 말씀입니다.

불교는 중생을 고쳐 부처되는 목표요 바꾸어 말해서 중생의 생각을 부처의 생각으로 바꾸는 것입니다.

우리의 과거는 지나갔으니 어쩔수 없이 그렇게 살아왔다 할지라도 우리는 현재를 부처님 말씀에 의지하여 지혜롭게 살아서 미래의 세계를 영원히 행복한 극락세계로 이끌어야 할 것입니다.

그럼 우리는 현재를 어떻게 살아야 극락세계를 건설할 수 있을까요? 나는 한마디로 이렇게 말하고 싶습니다.

"지금 내가 만나고 있는 사람이 나를 한 번 더 만나고 싶은 사람으로 기억이 되게끔 노력하라."

예를 들어 50년을 산 부부가 임종을 앞두고 한사람이 말하기를

"여보 우리 내생에 또 만나서 부부가 되어 살아봅시다."
하고 이야기했을 때 한쪽 사람이 고개를 끄덕여 준다면 잘 살은 것이려니와

"그런 이야기 하지마소, 금생만으로도 신물이 납니다."
하고 이야기 한다면 이렇게 산것을 잘 살았다고 하진 못할 것입니다. 부부관계 뿐만아리라 모든 인간관계 즉 부모와 자식이라든가 부모, 자식, 형제, 직장동료, 친구사이 또한 예외는 아닙니다.

인생은 더불어 사는 것입니다.

서로 의지해 살아도 우리가 한세상 더 살아보고 싶은 부모 형제 친구 사이라면 이 세상에 태어나 서로 만나 산 보람이 있는 것이요 내세를 기약할 수 있으니 세세생생의 도반을 얻은 것이 아니겠습니까. 이렇게 생生을 뛰어 넘어서만이 아니라 잠시 헤어져 있어도 보고싶은 부부 · 자식 · 형제 · 친지 · 친구, 출근하고 싶은 직장으로 서로의 관계를 이끌어 간다면 사는 것이 언제라도 즐거울 것이요 어디라도 기쁜 마음으로 가서 누구라도 반갑게 만날 수 있을 것입니다.

光雨 서울 正覺寺 회주
전 전국비구니회 회장

成果主義의 비극

어리석은 사람들을 적절한 비유로 깨우쳐 주는 〈백유경白楡經〉은 어디를 읽어도 마음에 와 닿습니다.

경장經藏 가운데 98종의 비유를 가려뽑아 엮은 이 책은 〈백구百句 비유경譬喻經〉이라고도 불리우는데 여기에 나오는 바보들의 얘기에는 무한한 지혜의 샘이 솟아납니다.

이 경전의 비유설화 가운데 한토막을 소개합니다.

옛날 어떤 사람이 배가 고파 일곱 개의 빵을 먹기로 했는데 여섯 개 반을 먹고 나니까 배가 불렀습니다. 그는 유감스럽다는 듯 손으로 자기 배를 몇 번 쓰다듬으면서 혼잣말로 중얼거렸습니다.

"내가 배가 부르게 된 것은 마지막 반조각 빵 때문이다. 만일 이 반조각의 빵으로 배가 부를 줄 알았다면 처음부터 이 반조각만 먹었을걸…"

이 비유가 깨우치고자 하는 것은 명백합니다. 어떤 결과도 과정과 절차가 없으면 이루어지지 않는다는 것입니다.

현대인들은 일을 도모함에 있어 성급하게 결과만을 기대하는 나머지 반드시 거쳐야 할 과정과 절차를 뛰어넘으려고 하는 경향이 있습니다.

성과주의成果主義에 매달린 이같은 생각들은 그러나 결과적으로 실패를 초래하고 맙니다.

벌써 한참전의 얘기지만 우리나라에 한창 아파트 붐이 일었을때 「와우臥牛아파트 사건」이라는 것이 있었습니다. 건설업자가 공기工期를 앞당기고 원가를 줄이려고 부실공사를 했기 때문입니다.

아파트는 공기를 앞당겨 완공됐고 관계당국은 준공검사증을 내주었습니다.

그런데 얼마안가 엄청난 비극이 생겼습니다. 아파트가 무너져 수많은 사람이 죽거나 다쳤습니다. 당시 신문의 보도 사진은 지옥의 한 장면을 찍어 놓은 것 같았습니다. 성과주의가 얼마나 무서운 것인가를 보여주는 사건이었습니다.

안타까운 것은 이같은 「성과주의의 비극」을 경험하고도 사람들의 생각이 바뀌지 않고 있다는 사실입니다. 준공검사가 까다로와 졌다고는 하지만 아직도 서민아파트는 허술한 것들이 많습니다.

어느 동네에서는 10년도 안된 아파트가 낡아 불편하게 되자 아예 집을 헐고 다시 짓기까지 합니다. 조국 근대화의 상징으로 여겨지던 고속도로 건설기간이 세계에서 최단기였다는 자랑은 이제와서 졸속공사와 땜질로 유명해졌습니다.

국가의 백년대계를 세우는 교육정책도 마찬가지입니다. 과외를 시키면 안된다고 엄한 법을 만들더니 언제부터인가 한국사회는 유치원 원아에서부터 대학생에 이르기까지 과외천국으로 변했습니다.

대학입시도 그동안 몇 번이나 제도가 바뀌었는지 입시생 자녀가 없는 사람은 지금 어떤 제도가 시행되고 있는지조차 모릅니다. 모두가 즉흥적이고, 시쳇말로 엿장수 마음대로입니다.

졸속한 성과주의는 근원적으로 인간의 턱없는 이기심利己心에서 생긴것입니다. 욕망을 억제하기 보다는 거의 무한대에 가까운 상태로 방치해놓고 모두가 그것의 노예가 되어 허덕이고 있습니다.

어떻게 하면 욕망과 이기심을 충족시킬 수 있을까. 사람들의 관심은 온통 여기에 있을 뿐 입니다. 그러다보니 남이야 죽든 말든, 아파트가 무너지든 말든, 나중에 고속도로를 온통 땜지로 바르든 말든, 입시생 부모야 고통을 받든 말든 눈가리고 아옹해서 넘어가면 그만이라는 생각이 병균처럼 현대사회에 창궐해 가고있습니다.

옛말에 「바늘허리에 실매어 쓰지 못한다」고 했습니다. 좋은 결과를 얻으려면 고통스럽더라도 차근차근 단계를 밟고 과정을 거쳐야 합니다. 통일문제도 그렇고 민주화문제도 그렇습니다. 서두르다가 그르치지 말고 차례와 순서를 지켜야 하겠습니다.

九山

1910~1983년
1937년 효봉스님을 은사로 득도
1956년 조계종 감찰원장
1969년 조계총림 초대 방장
1980년 조계종 원로회의 의원
1982년 미주 및 유럽 순방 포교
1983년 송광사에서 입적

알겠는가?

사람마다 누구나 본래부터 갖추어 있는 금강불괴신金剛不壞身을 알겠습니까?

눈 앞의 맑은 바람과 발 밑의 밝은 달은 손이 천 개라도 만질 수가 없고 눈이 천 개라도 엿보기 어렵습니다.

알겠는가?

모든 부처 나기 전에 한 모양 둥글어서
무량세월 지내면서 나와 가장 친하였네
청정광명 요달하면 대각이라 이름하며

중생 위한 자비베풂 세존이라 부른다네.

불교란 자기 마음을 깨닫고 몸과 마음을 분명하게 요달하여 인격을 완성하는 것이니, 바로 이것이 인간으로서는 하지 않을 수 없는 일입니다.

왜냐하면 자기의 마음을 알지 못하고 경계를 따라 마음을 일으키면 밤에만 꿈을 꾸는 것이 아니라 대낮에도 눈을 뜬 채로 꿈을 되풀이하는 것이기 때문입니다.

세상의 모든 일이란 것은 눈이나 진흙 위에 찍혀 있는 새나 기러기의 발자국과 같은 것이요, 명예를 구하고 이익을 추구하는 것은 마치 아침이슬과 같은 것이며, 탐내고 성내며 어리석은 세 가지의 삼독三毒은 육도六途의 윤회를 초래하는 것이요, 부귀영화는 봄날의 꿈과 같아서 꽃이 시들면 벌나비는 날아가 버리게 되고, 덧없는 세월은 흐르는 물과 뜬구름 같으며, 사람들이 오고 감은 철새와도 같으니 한줌 재가 되어 날리고 연기마저 사라지고 나면 예나 지금의 영웅호걸이 지금은 어디에 있겠습니까?

그러므로 〈금강경〉에 이르시되, '모든 유위법有爲法은 꿈과 허깨비와 물거품과 그림자와 같다.' 고 하였습니다.

만일 어떤 사람이 발심하여 도를 닦아 참 성품을 밝게 통달하면 세간이나 출세간의 모든 법에 걸림없이 자재롭게 되어 흙을 다루어 황금을 만들고 물을 부어서 젖을 만들게 될 것입니다.

금을 녹여 그릇을 만들면 모양은 백천 가지로 다르지만 금의 성품은 변하지 않으며, 우유를 끓여 제호를 만들면 그 맛이 절묘하기는 하지만 물의 성품은 달라지지 않으니, 이 한 마음을 깨달으면 비로소 만법萬法이 마음에서 일어나는 줄을 알며, 능히 일체 모든 종류의 지혜를 통달하여 하염없는 마음無爲心 속에 대비심을 일으켜 널리 중생들을 이익되게 하니, 영원히 사람과 하늘의 큰 복전이 됩니다.

드넓은 법해法海에 자비 배를 띄우고서
중생들을 가득 싣고 고향으로 돌아가네
강의 달과 산바람은 어느 누가 주인인가
무생곡無生曲 한 가락에 큰 기틀을 드러내네.

골짜기에 흘러가는 물도 소가 마시면 젖이 되고 독사가 마시면 독이 되나니, 나는 좋은 의사와 같아서 병을 알고 약을 지어줄 뿐이니 그 약을 먹고 안 먹고는 의사의 허물이 아닙니다.

金剛 경남 양산 녹야원 주지

犯戒의 허물

옛날에 한 어리석은 사람이 있었습니다. 그는 목이 몹시 말랐으므로 물을 찾에 헤맨 끝에 큰 강물에 이르렀는데, 그는 멍청하니 물을 대하자 정작 마시려고 하지 않았습니다. 옆에 있던 사람이 물었습니다.

“그대는 목이 마르다 해서 물을 찾더니, 이제 물있는 곳에 왔는데도 안마시는 것은 무슨 까닭인가?”

어리석은 사람이 대답했습니다.

“그대가 이 물을 다 마실수 있다면 나도 마시겠소. 이 물이 너무 많아 당신이나 나나 다 마실 수 없게 되어 있지않소. 그래서 나는 마시지 않는다는 것이오."

그때 이 말을 들은 여러 사람들은 다 크게 비웃었다고 합니다.

〈백유경百喩經〉에 나오는 이 같은 비유는 그릇된 이론을 편벽하게 취해 지닌 다음 불계佛戒를 다 지켜낼 수 없다는 이유로 어리석은 중생의 근기를 면치 못하는 외도外道들을 꼬집어 말한 것입니다.

우리가 한평생을 살면서 삶의 본질을 정확히 꿰지 못하고 어리석음을 추구하며 사는 것은 아마도 그릇된 소견과 이론이 횡행하기 때문일 것입니다. 부처님이 하루같이 인내하시며 보여주신 설산고행 6년은 어떠한 파행적이고도 변칙적인 논리에 근거하지 않음을 우리는 잘 알고 있습니다. 그것은 곧 바로 우리가 바르게 보고 생각하고 말할 수 있도록 하는 계율戒律로 남아 있게 되었습니다. 이를 잘 실행만 한다면 누구나 즐거웁고 복된 삶을 누릴 수 있을 것이며 사회는 안정된 기조 위에서 불국토로 나아가게 될 것입니다.

오늘날 한국불교가 전반적으로 쇠퇴하고 있음은 부정할 길이 없습니다. 그 이유중의 하나로 계戒의 문제를 들 수 있겠습니다. 다시말해 불교의 전반적 쇠퇴의 원인이 이 계戒에 걸려있다고 할 수 있습니다. 계는 속박과 구속이 아니라 완전한 자유를 구하기 위한 열쇠고리임을 인식해야 합니다. 개인과 개인을 떼어놓기 위한 단절의 끈이 아니라 서로가 서로를 사랑하기 위한 동질고리임도 아울러 인지해야 할 것입니다.

요즈음 젊은 불자들을 비롯해 이론 경전에 깊이 빠져든 지식인 부류의 신도들을 대하면 〈백유경〉에 나오는 저 어리석은 사람과 다를 바 없다는 생각이 듭니다. 그들은 한결같이 부처님이 정해준 계율을 그럴듯한 논리로 재 해석 해내고는 범계犯戒하기를 예사로 합니다. 또한 이같은 범계의 현상은 젊은 불자들 사이에 놀랄만한 속도로 파급돼 너나없이 이를 즐기고 있는 것은 아닌가 하는 의구심마저 들게 합니다. 마치 계戒를 지키지 않는 것이 의식이 깨인 사람이 응당 취해야 할 도리라고 여기고 있는 듯합니다.

이러한 추세로 전불자들이 계를 지키지 않고 모두 깨친 사람 흉내를 낸다면 한국불교는 심각한 위기에 직면하게 될 것은 자명한 이치입니다. 과거 불교교단이 커짐에 따라 통제의 필요성을 느끼고 타율적인 규범으로써 율律을 강조했지만 계戒는 어디까지나 교단의 규범을 지키려는 자발적 · 자율적인 마음의 움직임이었습니다. 한국불교의 장래를 걱정한다면 우리 불자 모두는 이 계戒를 잘 지키고 따르며 실천해야 할 것입니다. 계의 실천은 불교가 추구하는 사회완성의 길이기 때문입니다.

계에 대한 재인식이야말로 현금 교계의 어려운 사정이 눈에 두드러지게 보일때 일수록 불자들이 취해야 할 가장 시급한 과제라 하겠습니다.

金山 부산 만덕사 주지

1943년 출생
1957년 수안사에서 도원스님을 은사로 득도
1962년 조계사에서 효봉 · 동산 · 청담스님 시봉
1968년 전국순회 포교사 고시합격
1970년 육군 군법사 임관(대위예편)
1977년 포항 보경사 · 부산 금정사 주지
1995년 부산 불교향군 협의회 회장
2006년 부산 만덕사 주지

1

노사가 지켜야 할 오계

요즘 신문을 보면 온통 노사분규勞使紛糾에 관한 기사로 가득합니다. 이렇게 노사분규가 지속된다면 우리 경제의 앞날에 악영향을 미칠 것이란 우려가 깊어가고 있습니다.

이와같은 분규는 지난 20년간 우리나라가 수출드라이브 경제정책을 펴오는 과정에서 저임금을 바탕으로 고도성장을 하여왔기 때문에 그동안 쌓였던 근로자들의 욕구불만이 민주화의 물결을 타고 일시에 표출되었기 때문이라는 분석이됩니다.

근로자측의 주장과 사용자측의 주장은 계속 팽팽하기만 합니다. 기업주 측에서는 근로자들의 요구가 너무 무리해 다 들어주다보면 기업 자체가 위험하므로 점진적인 해결을 해나가자는 의견입니다. 이에 대해 근로자측은 기업이 그동안 정부의 보호아래 많은 이익을 독점해왔으니 이제는 많은 부분을 양보해야 한다는 주장입니다.

노사분규의 해결전망에 대해서도 의견이 엇갈리고 있습니다. 비관론자들은 노사갈등이 양측의 의견대립으로 팽팽히 맞서 있으므로 쉽사리 해결되지 않을 것이며 따라서 분규의 장기화로 수출산업의 타격은 물론 경제성장의 둔화를 초래할 것이라고 분석합니다.

그러나 일부에서는 우리나라 민주화 과정에서 필연적으로 겪어야 할 사태이며 이 기회에 건전한 노사관계가 정립되면 공존공영의 바탕이 마련될 것이란 얘기입니다.

현재로써는 사태가 어떻게 발전할 것인지 아무도 정확한 예측을 할 수 없는, 그야말로 벽에 눈을 갖다댄듯 답답한 심정일 뿐입니다.

한가지 아쉬운 것은 사태가 이 지경에 이르기 전에 왜 정책당국이나 노사 당사자가 보다 적극적으로 문제해결을 위해 노력하지 않았나 하는 점입니다.

만약 정부 · 기업 · 근로자가 미리미리 타협을 통해 합의점을 찾았었더라면 하는 아쉬움이 두고 두고 남습니다.

사후약방문死後藥方文일지 모르나 이런 때 새겨두어야 할 지혜의 말씀이 있습니다. 부처님이 가르친 노사勞使의 자세에 관한 것입니다.

〈육방예경六方禮經〉에 보면 부처님은 기업가가 근로자에 대해 가져야 할 태도를 다섯가지로 나누어 가르치고 있습니다.

첫째는 음식과 옷을 책임져야 하고,
둘째는 병이나면 의사를 불러 치료해 주어야 하며,
세째는 근로자를 혹사시키지 말아야하며,
네째는 사유물私有物을 뺏지 말아야 하며,
다섯째는 정당하게 분배해야 한다는 것입니다.

같은 경經에는 또 근로자가 기업주에 대해 취해야 할 태도를 다섯가지로 나누어 말하고 있습니다.

첫째는 부지런히 일해서 사업에 그르침이 없도록 해야 하고,
둘째는 일을 할 때는 정성을 다해야 하며,
세째는 회사의 재물을 아껴야 하며,
네째는 윗사람에 대해 존경을 가져야 하며,
다섯째는 기업주의 좋은 점을 칭찬하고 나쁜 점은 가급적 들추어 내지 말라는 것입니다.

봉건시대의 노사윤리에 관한 것이지만 오늘 우리에게도 큰 교훈이 되는 말씀이라 하지 않을 수 없습니다. 특히 요즘의 노사분규의 배경과 원인을 생각할 때 이 가르침은 문제해결의 금과옥조金科玉條로 삼을 만한 가치가 충분하다고 여겨집니다.

오늘의 기업주는 과연 근로자가 의복이나 음식을 걱정하지 않을만큼 정당한 대우를 해주고있을까요? 또 근로자들의 농성은 우리나라의 산업발전을 위해 어떠한 도움을 주고 있을까요. 서로가 취해야할 태도는 분명합니다. 조금씩 양보하고 대화를 통해 문제를 풀어나가야 하는 것입니다.

양보와 대화는 원칙론이고, 현실은 그렇지 않다고 말할 수도 있겠지만 그러나 문제를 해결하는 첩경은 역시 부처님이〈육방예경〉에서 말씀한 원칙론에 의하지 않고는 어렵다는 것을 모두가 깊이 인식해야 할 때 입니다.

2

사랑의 괴로움

"사랑하는 사람들과 서로 만나지 말라"

〈법구경〉 210에 있는 말씀입니다.

냉정한 말처럼 들립니다. 사랑을 무상의 기쁨으로 삼고 있는 사람들에게서는 '그래서 불교는 염세적이다'라는 말을 들을 것 같습니다. 그러나 사랑만큼 우리를 괴롭히는 것은 없습니다. 사랑 때문에 증오도 하고 사랑 때문에 사람을 헤치고 슬퍼도 합니다.

"다시는 누구도 사랑하지 않겠다"

실연한 사람, 사랑하는 자식이나 아내를 잃은 사람은 절실히 그렇게 생각합니다. 그러나 그러면서도 사랑을 찾지 않을 수 없는 것이 우리 인간입니다.

사랑에는 그만큼 큰 힘이 있습니다. 자기를 사로잡아 놓아주지않는 집착력과 흡인력이 있습니다. 그리고 사랑이 강하면 강해질수록 상대방을 괴롭혀서는 안된다고 알면서 괴롭히고 들볶습니다.

사랑은 행복의 연옥煉獄이며 파멸도 무릅쓰는 맹목적인 에너지를 가지고 있습니다. 사랑은 인간에게 주어진 운명이라고도 말할 수 있습니다. 그러나 그렇다고 해서 이 사랑을 완전히 끊어 버릴 수는 도저히 없습니다. 사랑에 대한 갈망, 갈애는 인간의 생명과 결부되어 있습니다.

석존의 제자 아난은 용모가 수려한 청년이었기 때문에 여성의 유혹으로 고통을 받았습니다. 또한 그 자신도 사랑 때문에 불안한 나날을 보낸 적이 있었습니다. 아난은 그 마음을 솔직히 스승에게 말했습니다.

"세존이시여, 어쩌면 좋겠습니까?"

"여성과 만나지 말라"

석존은 아주 쉽게 말했습니다. 아난은 '하지만' 하고 말을 이었습니다.

"하지만 만약에 만난다면 어떻게 해야 합니까?"

"보지 말라"

"만약에 보았다면 어찌해야 합니까?"

"그녀에게 집착하지 말라"

석존의 말씀은 그 뿐이었습니다.

사랑이나 욕망이 인간을 괴롭히는 것은 사랑하는 자에게 집착하는 마음의 정도에 의한 것입니다. 사랑이 고통이 되지 않을 정도로 사랑할 것, 상대방의 행복과 성장을 빼앗아 버릴 만큼 절제력이 없는 사랑을 하지 말 것, 어머니를 거부하는 부부애, 며느리를 원망하는 모자의 사랑, 타인을 거부하는 이기적인 사랑 등 그러한 사랑을 제어한 커다란 사랑, 그것을 가지라고 부처님은 가르칩니다.

애지중지해서 자란 아이는 독립심이 적습니다. 꾸짖는 사랑이 없는 맹목적인 사랑은 자식을 비뚤어지게 합니다. 그리고 독점적인 사랑을 가진 부모는 자식과의 이별로 고통을 받습니다.

애별이고愛別離苦란 집착의 사랑에 의한 과보입니다. 우리에게는 너무도 강한 욕망과 충동이 있습니다. 이것을 만약에 방치하면 반드시 사랑 때문에 서로 다치게 됩니다.

현대사회가 바로 그렇습니다. 열애와 분방한 욕애가 세상에 가득 차 있습니다. 그리고 고통을 당하고 있습니다. '만나지 말라' 는 말을 되살릴 시대가 온 것 같습니다.

奇峰 경남 하동 보문사 주지

(1947 ~ 2001)
1964년 통도사에서 월하스님을 은사로 득도
1972년 화동 보문사 창건 및 주지
1976년 중앙 포교사 화동 칠보사 창건
1988년 하동걸창서 경승실장

운전자의 마음가짐

천고의 정적靜寂이 감도는 심산유곡에서의 생활에 길들여져서인지 가끔 하산하여 도시에 들어서면 매우 정신이 산란스러움을 느낍니다. 특히 자동차라도 타고 도심을 지나다보면 나날이 변모해 가는 거리의 모습과 세상 사람들 마음의 변화에 당혹감마저 느끼게 됩니다.

한쪽에서는 날마다 헐고 또 한쪽에서는 날마다 건물이 하늘 높은줄 모르고 올라가는 변화에서부터 계속 더욱 성급해지는 자동차물결의 흐름을 보면서 인심人心의 변리變異를 생각해보곤 합니다.

변화란 것은 발전적인 방향일 수도 있으나 정상궤도를 벗어나 이상한 쪽으로 흘러가는 경우도 있어서 언제나 바람직한 것만은 아니라는 생각이 듭니다.

거리를 흘러가는 자동차의 물결을 보면 어떤 자동차는 화가 나있고 또 어떤 자동차는 바쁘며 몇몇 자동차들은 갈팡질팡 헤매고 다닙니다. 성급한 차도 있고 술취한 차도 있으며 졸면서 가는 차도 있습니다.

움직이는 모든 자동차는 모든 사람의 마음 상태를 여실히 대변해 줍니다. 성미가 급한 사람이 모는 차는 자기 차선을 지키지 않고 곡예하듯이 이 차선 저 차선을 넘나들며 다른 차들에게 공포심을 안겨주는 불량배요, 화가 난 사람이 모는 차는 괜스레 경적음을 내고 헤드라이트를 번쩍거리며 화를 내기 일쑤입니다.

또 술취한 사람이 모는 차는 갈 지之자로 비틀거리며 다니고, 조는 사람이 모는 차는 끄덕끄덕 졸때마다 도로 바깥으로 미끄러질 뻔하면서 위태롭게 달려갑니다.

순리에 따른 흐름을 이탈하여 궤도를 벗어나 방향을 잃고 달려갈 때 자동차는 반드시 찌그러들거나 부서지게 되고 사람은 다치거나 죽게 됩니다. 우주의 질서를 파괴하는 행위는 반드시 재앙을 부르게 된다는 교훈을 거리의 자동차들은 사고의 통계로써 증명하고 있습니다.

생활의 편의를 도모하기 위해 만들어진 온갖 문명의 이기利器들이, 사용하는 사람들의 무지無知한 횡포로 인해 도리어 인간을 살상하는 흉기로 둔갑하고 있는 현상을 보면서 다시 한 번 마음을 다스리는 일이 얼마나 중요한가를 새삼 느끼게 됩니다.

다른 모든 경우에서도 마찬가지겠지만 차를 모는 일도, 자동차를 조작하는 기술을 습득하기에 앞서 자칫 인명人命을 살상殺傷하게 될지도 모를 기계라는 점을 감안해 먼저 마음가짐을 점검하는 것이 필요합니다.

차를 모는 사람에 따라 차의 주행형태가 달라지듯 마음의 상태에 따라 사람의 행동거지 역시 달라지게 마련입니다. 운전자가 자동차를 움직이게 하는 주인공이라면 마음은 사람을 조종하는 주인공이라 할 것입니다.

난폭한 사람에 의해 조종되는 자동차가 거리의 무법자가 되듯 탐욕과 분노로 가득찬 마음에 의해 조종되는 사람은 궤도를 이탈한 자동차처럼 앞일을 예측할 수 없게 됩니다.

부처님께서는 마음 씀씀이에 대해 일찍이 이렇게 일깨워 주셨습니다.

"모든 정신 상태는 마음에서 비롯된다. 마음은 그 모든 것을 만들어내는 근원이다. 사람이 악한 마음으로 행동하거나 말하면 그에게는 고통이 뒤따른다. 그것은 마치 수레바퀴가 수레를 끄는 짐승의 발굽을 뒤따르는 것과 같다." <법구경>

요즘 자가운전자가 부쩍 늘어나고 있는데 사고를 내는 많은 운전자가 면허를 받은지 1년미만이라고 합니다. 운전교육에 참선등 마음의 집중에 대한 교육이 필수적으로 실시되었으면 좋겠습니다.

아울러 자동차의 주인공이 사람이듯 사람의 주인공이 마음임을 깨달아 마음을 잘 조종하고 괸리해 나가기를 바라는 마음입니다.

다 정

1949년 출생
1964년 백양사에서 법명스님을 은사로 득도
1992년 제10대 중앙종회 의원
나주 문성암 주지

공양에 담긴 참뜻

부처님께 올리는 공양은 물질적이든 비물질적이든 또한 많거나 적거나 그것은 순전한 자기 정성심의 표현입니다. 이 정성심속에는 그 심도深度에 따라 소망發願이 담겨지고 이 소망은 불가해한 가능성成就을 향해 희유한 슬기와 힘을 축적해 가게 됩니다.

오뇌의 모든 망심을 떨쳐 버리고 본래의 선행심을 일깨우며 흩어진 마음을 한 곳으로 모아 오로지 한 믿음이 쌓여갈 때 그것은 곧 슬기요 힘의 생성生成이며, 불 보살님의 가피(감화)입니다. 그때의 공양드리는 정성심은 바로 수행이며 기도이고, 자신에 대한 확고한 신념을 다지는 각오이며, 또한 보리菩提(=진리眞理)로 나아가는 보살의 참다운 행으로 이어지는 것입니다.

"선남자여! 모든 공양가운데는 법공양法供養이 으뜸이니, 이는 부처님의 가르침대로 수행하는 공양이며, 중생을 이롭게하는 공양이며, 중생의 바탕닦는 공양이며, 보살의 할일을 버리지 않는 공양이며, 보리심을 여의지 않는 공양이니라."

〈보현행원품〉의 이 말씀가운데, 우리 중생이 부처님이나 삼보전에 올리는 모든 공양의 의미가 담겨져 있습니다.

부처님은 결코 부처님 자신을 위해 공양받는 분이 아니십니다. 다만 공양을 드리는 중생들 스스로가 바른 가르침으로 심신을 수행하고 보살행을 행하며 구경究竟의 진리에 접근해 마침내 해탈의 즐거움을 누리게 되길 바라실 뿐입니다.

결국 공양 드리는 자기 스스로의 지극한 정성의 의지로, 이 정성의 의지는 부처님의 불가사의한 가피加被를 입어 보다 수승한 구경의 저 높은 곳으로 자신의 생을 승화해 나아가게 됩니다.

그 때문에 옛 스님들께서는 버선 한 켤레를 공양施主받더라도 시주자의 정성이 담기지 않았거나, 가이 즐거운 마음으로 주는 것이 아니면 그에게 무익한 것이니 함부로 받아 시은만

입지 말라 경계하셨던 것입니다. 뿐만 아니라 새것을 마련했으니 이제 자기에게 쓸모가 없어서 버리는 셈치고 주는 것이나, 내 생활에 충분히 쓰고 남은 여분의 것, 물론 이러한 물건이나 금전도 온전한 정성심이 담긴 것이 아니니 순수한 공덕을 이루는 신성한 공양물이 될 수는 없다한 것입니다.

그러나 아무리 하찮은 것일지라도, 가난한 한 노파가 자신의 유일한 저녁끼니인 부자집의 수채구멍에서 흘러나오는 쌀뜨물 한 그릇을 가섭스님께 공양 올린 공덕으로 생을 마치고 천상에 태어나듯, 공양에는 참다운 정성이 따라야만 합니다. 삼보님은 그 정성을 공양드시지 생명이 없는 공양물 자체를 공양드시는 것은 아닙니다. 때문에 공양중에는 법공양이 으뜸이라 하신 것입니다.

또한 공양 드리는 이 정성심은 어쩌다 한번이나, 어느 한 때만의 신심으로 끝나서는 안됩니다. 그것은 끊임없이 일상생활 속에서 면면히 이어져야함을 보현행원품은 다음과 같이 설하고 계십니다.

"허공계가 끝나고 중생계가 끝나고 중생의 업이 끝나고 중생의 번뇌가 끝나야 나의 이 공양도 끝나려니와, 허공계와 내지 중생의 업이 끝날 수 없으므로 나의 이 공양도 끝나지 않느니라. 이와 같이 생각 생각이 계속하여 잠깐도 쉬지 않건만 말과 뜻으로 하는 일에 지치거나 싫어함이 없느니라."

大愚 내장산 백련암 회주

1946년 출생
1959년 선운사에서 운기스님을 은사로 득도
1978년 전북향승 위원장
1980년 선운사 주지
1983년 내소사 주지 · 은적사 주지
1990년 조계종 포교원 포교부장, 교무부장
1991년 경찰청 경승실장
1993년 불교방송 상무

맑은 마음 밝은 세상

인간이 산다는 것은 기쁨이요 희망이며 푸른 하늘이며 자유요 확신입니다.

인간이 추구하는 가장 이상적인 생활은 사랑과 행복과 평화가 넘치는 세계를 건설하는 것입니다. 우리는 이를 동경하고 이룩하고자하는 염원으로 가득합니다. 지금까지 인류는 이것을 이룩하기 위해 꾸준한 노력을 해왔으며 앞으로도 계속할 것입니다. 사랑과 행복과 평화는 인류공동의 과제인 것입니다.

모든 종교의 목적도 인간으로 하여금 행복하고 평화로운 생활을 영위하도록 하는데 있습니다. 만약 종교가 이같은 목적을 저버리고 있다면 그것은 이미 종교라고 말할 수 없습니다.

불교의 목적도 불안과 번민 속에서 고통받는 인간을 제도하여 모든 중생이 영원한 행복과 안락을 성취할 수 있도록 하는 것입니다.

그러나 모든 사람이 한결같이 염원하고, 모든 종교가 끝없이 추구해온 인간의 행복과 평화는 쉽게 이뤄지지 않고 있습니다. 오히려 불안과 공포와 저주와 전율과 고독과 비관과 악의가 병균처럼 창궐해가고 있는 것이 세상입니다.

서로가 속이고 죽이며 원한과 분노의 감정만이 격화돼 가고 있습니다. 심지어는 종교의 이름으로 인간을 살상하는 최악을 저지르는 상황에 이르러서는 열린 입을 다물 수 없습니다.

최근 회교의 성지 메카에서 일어난 대규모 살상사건은 종교적 신념을 달리하는 회교의 이념적 갈등이 빚어낸 참사라고 외신은 전하고 있습니다.

종교의 목적이 사랑과 평화라고 하는데 어찌해서 이런 일이 일어날 수 있는지, 멀리 외국의 사례를 들 필요도 없이 우리나라도 절대주의 종교에 의해 저질러지는 갖가지 만행이 빈발하고 있음을 봅니다. 도대체 왜들 이러는 것입니까.

불교는 그 책임이 인간 스스로가 짊어지고 있는 무명업無明業에 의한 갈애와 집착 때문이라고 지적합니다. 탐욕과 이기주의에 눈이 멀어 진실을 바로보지 못하는 까닭에 인간의 마음은 잔인해지고 어리석고 비굴해지는 것입니다.

모든 것은 인간의 마음에서 비롯되고 있습니다. 마치 쇠에서 녹이나와 쇠를 좀 먹듯이 인간의 마음에서 나온 탐심과 성냄과 어리석음이 인간을 구렁텅이로 몰아넣는 것입니다.

불교의 칠불통계게七佛通誡偈는 무엇보다 먼저 인간의 마음을 깨끗이 해야 할 것을 가르칩니다.

"악한 일 멀리 하고 힘따라 선행하며
내마음 밝힌다면 부처님 가르침이 바로 그것.
諸惡莫作 衆善奉行
自淨其意 是諸佛教"

이라는 가르침은 양심과 믿음이 행방불명되어 생사의 물결에 표류하는 중생의 눈을 밝혀주는 등불입니다.

어둠으로부터 진리의 눈을 뜰때 인생은 새로워집니다. 미워하던 이웃, 그들은 누구입니까? 내 형제요 친척이요 피를 나눈 동포입니다. 내가 모함하던 이웃은 또 누구입니까? 어려울 때 달려와 넘어진 나를 부축하고 함께 아픔을 나누어 줄 다정한 벗입니다. 내가 그를 미워하고 모함할 수 없는 까닭은 그가 바로 나의 부모요 형제요 사돈이요 팔촌이기 때문입니다.

인생의 진실에 눈떠야 합니다. 자기의 잘못을 살피고 남의 충고를 들을 줄 알고 범사凡事에 감사하고 만족할 줄 아는 사람, 욕심을 참고 인욕할 줄 아는 사람은 흔들림없이 자기의 인생을 똑바로 걸어갈 수 있습니다.

물이 맑으면 달이 솟고 깨끗한 거울이라야 얼굴을 밝게 비칩니다. 스스로를 정화하는 일이야말로 불자佛子의 제일책무임을 깊이 자각해야 하겠습니다.

大雲

1944년 생
해인사에서 지관스님을 은사로 득도
봉은사 주지
경국사 주지
현재 양주 지장사 주지

현재에 충실하라

"과거에 메달리지 말고, 미래를 원하지도 말라. 과거는 이미 사라졌고 미래는 아직 오지 않았느니라. 꿈은 여기 현재의 일에서 가져야 할것이니 이루고자 하는 뜻에 확고 부동하여 흔들림없이 자신의 능력을 개발하여야 한다. 오로지 오늘 해야할 일에 최선을 다해 땀흘려 노력하라. 이렇게 사는 사람에게는 영광이 있고 현자賢者의 칭찬이 따르리라."

〈파리중부경전巴利中部經典〉 제3권에 나오는 부처님의 말씀은 우리가 현실을 어떻게 살아야 할것인가를 일깨워 주는 가르침입니다.

지난 몇 년동안 우리는 이른바 5공五共이라는 과거에 얽매여 한발자욱도 앞으로 나갈 수 없었습니다. 지나간 일을 아주 없었던 일로 잊어버릴수야 없고, 그러자니 「청산」이라는 통과의례가 필요했다고 하지만 과거에 대한 집착이 지나쳤던 것이 사실입니다.

그러나 우리가 그토록 과거에 집착해서 얻었던 것이 무엇입니까. 겨우 전직 대통령의 형식적 증언뿐입니다. 일부에서는 전직 대통령이라도 허물이 있으면 청문회에 나온다는 것을 보여주었다는 상징성에 의미를 부여하는 듯하지만 그런다고 현실을 사는 우리의 삶이 그 상징하나로 얼마나 나아졌는지는 의문입니다. 오히려 그 상징 하나를 얻기 위해 그토록 과거에 매달렸는가를 생각하면 허무하기까지 합니다.

과거 못지 않게 우리를 현혹시키는 것이 미래입니다. 아직 오지않은 미래에의 화려한 꿈에 사람들은 취합니다. '생일날 잘먹으려고 며칠을 굶는다.' 는 속담처럼 미래는 무조건 잘 해갈 것이란 환상에 빠집니다. 그러나 미래가 반드시 인간의 꿈처럼 이루어지는 경우는 극히 드뭅니다. 사실을 말한다면 대개의 꿈은 늘 현실을 배반하기가 일쑤입니다. 그래서 사람들은 더욱 허탈해 합니다.

부처님의 가르침은 이미 사라진 과거나 아직 오지 않은 미래에 너무 집착하지 말라는 것입니다. 왜냐하면 우리가 살고 있는 곳은 과거도 미래도 아닌 현재이기 때문입니다.

현재 하는 일에 최선을 다한다면 과거는 아무리 슬픈 것이었어도 아름다워질 수 있고, 절망적 미래도 희망으로 전환시킬 수 있기 때문입니다.

우리는 가끔 성공한 사업가의 지난날의 고생담을 들으며 그것이 아름답다고 느끼는 경우가 있습니다. 절대 즐거울수가 없는 고생이 아름답게까지 여겨지는 이유는 무엇일까요.

그는 과거에 집착하지 않고, 오직 현재에서 최선의 삶을 살므로써 고통스런 과거까지 아름답게 만들 수 있었던 것입니다. 미래도 마찬가지입니다.

화려한 꿈만 꾼다고 미래가 화려해 질수는 없습니다. 현재에 발붙이고 사는 한 그 현재에서 최선을 다해야 합니다. 그러면 화려한 미래는 자연히 이루어질 것입니다.

부처님이 쓸데없이 과거나 미래에 매달리지 말라고 가르친 것은 그것은 현실이 아니기 때문입니다. 허구에 빠져서는 아무것도 할 수 없음을 이르신 것입니다. 과거나 미래에 집착할 때 우리는 운명론에 빠지기 쉽습니다.

과거에 잘못된 것도 미래가 어떻게 될 것도 운명에 맡긴다면 현실에서 최선을 다할 수 없습니다. 성실해지지 않을뿐 아니라, 성실하지 않은 삶은 아무것도 이룰 수 없습니다.

부처님의 말씀대로 과거는 이미 지나간 것입니다. 미래는 아직 오지 않는 것입니다. 우리가 살고 있는 것은 현재뿐입니다. 언제 죽음의 덫이 우리를 옥죄일지 모르는 인생에서 허무해지지 않으려면 매일매일 순간순간에 최선을 다하는 삶을 살아야 합니다.

대 정 범어사 금정선원 선덕

불교는 마음을 밝히는 것

불교의 근본은 마음을 밝히는 것인데 그 마음은 한계가 없습니다. 우리의 마음은 크지도 작지도, 무겁거나 가볍지도, 착하거나 악하지도 않으며, 부처다 중생이다 하는 차이도 없습니다.

그런데 중생은 분별심에 사로잡혀 마음이 큰 것도 있고 작은 것도 있고, 어둡고 좁고 천하고 귀한 것도 있다고 생각합니다. 이런 중생을 위해서 교화하는 방법이 크게 두 가지 있는데 그것이 바로 소승법과 대승법으로 흔히 말하는 소승불교와 대승불교입니다.

소승불교는 태국, 미얀마, 베트남, 캄보디아, 말레이시아 등에서, 대승불교는 중국, 티베트, 한국, 일본에서 크게 발전했습니다.

그러나 불교 근본에서 비춰볼 때 소승이니 대승이니 하는 것은 있을 수 없습니다. 소승과 대승의 구분은 부처가 되기 위한 예비과정으로 보면 이해가 빠를 것입니다.

소승불교가 수행과정에 있어서 일단 몸에 근본을 둔 반면 대승불교는 마음에 두고 있습니다. 몸은 한계가 있지만 그 마음은 크고 무한정입니다.

소승불교가 아라한을 지향한다면 대승불교는 보살을 지향합니다.

대승불교에서 보살계는 비구, 비구니, 우바이, 우바새 모두가 받아야 합니다. 이 계를 받은 사람은 보살이 되는 것에 근본을 두고 있습니다.

대승 보살은 상구보리上救菩提 하화중생不化衆生을 가슴에 새겨야 합니다. 위로는 깨침을 구하고 아래로는 중생을 구제하는 자리이타自利利他의 정신으로 나와 남을 똑같이 생각하는 것이 대승보살의 마음인 것입니다.

부처님께서 '내가 부처가 된 것은 세세생생 보살도를 행했기 때문에 부처가 되었고 앞으로도 계속 중생이 있는 한 나의 보살도는 끝이 나지 않을 것' 이라 했습니다.

대승경전인 〈유마경〉에서 유마거사는 '자식이 병이 나면 부모가 아프듯이, 중생이 병이 들면 보살이 아프듯이 중생의 병을 고치기 위해서 내가 나온 것"이라 했습니다. 이처럼 대승불교에서 보살은 곧 자비입니다. 자비를 통해서 큰 지혜가 생깁니다.

자비를 아주 쉽게 설명하면 '남이 잘되면 내가 잘 된것처럼 좋고 남이 잘못되면 내가 잘못된 것' 같은 마음입니다. 그러나 중생의 마음은 남이 잘되면 기분 나쁘고 남이 잘못되면 고소해 합니다. 사촌이 땅을 사면 배가 아프다는 말이 있지 않습니까?

사촌이라고 하면 가장 가까운 형제나 다름없는 관계임에도 잘 되면 배가 아프다고 하는 것이 우리의 현실입니다.

이런 중생심이 솟구치는 근본 원인은 시기와 질투심에 기인합니다. 시기와 질투는 탐욕에서 나오고, 탐욕은 집착에서 나옵니다. 그래서 부처님은 우리를 향해 '미혹한 중생'이라 한 것입니다.

우리에게 가장 필요한 것은 마음의 안정입니다. 마음이 안정돼 있지 않으면 해탈은 고사하고 선정에도 들 수 없습니다. 맑은 거울에 먼지가 많이 내려앉아 있으면 보이지 않습니다.

먼지를 털어 내고 깨끗이 닦아야 거울의 가치가 그대로 드러납니다. 시기질투하고 중상모략하는 마음이 먼지이니 우리의 불성은 드러나지 않습니다.

그러나 이 마음을 털어 버리면 거울이 본래 모습이 드러나듯 우리의 불성이 발현됩니다. 이 마음이 바로 부처의 마음입니다. 그러나 부처의 마음도 중생심에서 찾아야 합니다. 이것을 벗어나서 찾아보겠다고 한다면 어리석고 못난 수행입니다.

평등이라는 것은 원만함을 말합니다. 물질문명이 서양에서 고도로 발달되었다면 동양에서는 마음의 정신문화가 발달됐습니다. 동양 정신문화의 근본은 불, 유, 도 세 개의 사상에 있습니다.

유교에서는 윤리나 도덕, 예의를 중시하고 도교는 수신修身, 마음을 닦는 것을 중시하지만 불교는 깨침을 통한 지혜를 중시합니다. 불교는 지혜를 닦는 진심입니다. 이 모든 마음은 깨끗하고 고요한 것을 벗어나 있지 않습니다.

우리가 확실하게 맑고 깊은 고요를 조성하면 양심과 본심이 살아남은 물론 진심이 절로 나옵니다. 맑고 고요한 마음에 계와 정과 혜가 있기 때문입니다.

지혜는 업장을 소멸한 후 본래의 마음인 진심이 발현되면 샘솟습니다. 양심과 본심을 갖추면 군자가 되고 본래의 마음인 진심을 내면 성인군자가 되는 것입니다. 따라서 깨끗한 물과 고요한 바다, 맑은 하늘은 최고의 가치라 할 수 있습니다.

우리가 선을 하면 자연히 도를 성취할 수 있습니다. 도를 성취하면 중생의 어지럽고 탁한 마음은 저절로 소멸되고 맑고 고요한 마음만이 그대로 나옵니다.

이것이 우리의 본래 참모습입니다. 여기서 기도도 하고, 참선도 하고, 깨치기도 하는 것이지 이것을 벗어나서는 할 게 아무것도 없습니다.

우리의 목적은 바로 견성입니다. 견성을 함으로 해서 바로 부처가 되기 때문입니다. 마음과 성품이 원래 청정했음을 분명히 알고 체득하면 자재무애합니다. 알고 보면 법과 도라는 것은 우리와 가장 가깝습니다.

가장 믿고 의지하고 또 마음대로 할 수 있는 것이 법과 도입니다. 이것은 만고불변의 원칙입니다. 이 원칙은 부처가 있고 중생이 있고 알고 모르고 깨치고 못 깨치고 와는 아무 상관없이 그냥 그대로 가만히 있는 겁니다. 절대 변화가 없습니다.

大行 안양 한마음선원 원장

1929년생
1950년 오대산 상원사 득도
1971년 한마음선원 건립
1994년 현대불교신문 창간

꽃 한송이의 언어

얼마전 미국에 갔을 때의 일입니다.

무엇보다도 언어의 장애가 고충이었습니다. 교포들을 상대로 할 때에는 별문제가 없었지만, 현지인들을 상대로 할 때에는 통역을 동원하여 말하지 않으면 안되었습니다. 그러나 말이란 미묘한 것인데 과연 나의 뜻이 잘 옮겨졌는지 모르겠습니다. 사실은 내가 느낀 바를 우리말로 나 자신이 말할 때에도 느낀 그대로 다 표현하지 못할 때가 많은데, 하물며 다른 사람의 입으로, 그것도 다른 나라 말로 옮김에 있어서 어찌 정확히 전달되겠습니까.

그렇지만 역시 말 밖外에 또 말이 있었습니다. 더듬거리는 통역을 통해서나마 진실은 전해졌다고 나는 생각했습니다. 손짓과 몸짓, 미소, 고요한 침묵, 그리고 서로 한마음이 되어 이 지극한 불법을 향하는 마음들… 그것으로써 이심전심以心傳心 -모든 사람들은 기쁜 가운데 숙연했던 것입니다.

그렇습니다. 민족이 다르고, 언어가 다르고, 습관 · 환경이 다르다 보면 분명 사람 사이에 거리가 있는 것도 사실입니다. 그렇지만 진리를 추구하는 정열, 영원한 세계를 향하는 애정이 있는 이들에게 있어서 그런 것의 차이는 그다지 대수로운 것이 아닙니다. 그것은 언어 아닌 언어, 또 하나의 신비한 언어가 되어 마음에서 마음으로 전달되고, 말없는 가운데 깊이 깊이 이해되는 것으로써 오히려 진실의 핵을 전할 수 있는 진언이라고도 하겠습니다.

그런 마음은 마치 한송이 꽃과 같습니다. 꽃의 아름다움에는 국경이 없습니다. 꽃의 향기에는 언어의 한계따위가 없습니다. 아프리카든 아메리카든 유럽에서든 한송이 꽃은 그대로 인간의 마음에 꼭같은 기쁨을 줍니다. 사람의 근본 마음은 누구에게나 같은 것이기 때문입니다.

그러므로 우리는 한송이의 꽃의 언어, 한송이 꽃의 진실을 필요로 합니다. 어디에서나 통하는 아름다움, 누구에게나 순수한 기쁨을 주는 향기를 우리는 갖추어야 합니다.

그것은 세간의 지식으로써는 얻을 수가 없습니다. 세간의 지식으로 얻는 것은 예컨대 한국이나 미국이 같은 것입니다. 그것은 이쪽에서는 통하지만 저쪽에서는 막히는 것으로써 유한하고 좁은 것입니다.

부처님께서는

진리를 등불 삼고 너 자신을 등불삼으라.

고 〈열반경〉에서 부촉하였습니다.

진리는 국경이 없습니다. 국경뿐이겠습니까. 그것은 인간계 뿐만이 아니라 신神들의 세계, 영靈들의 세계, 미물들의 세계까지도 하나로 통하는 크나큰 길道 이기도 합니다. 그것은 꽃의 아름다움과 향기가 어디에서나 통하는 것과 같이 보편의 세계입니다.

그리고 그 진리의 근본은 나 자신에게 깃들어 있습니다. 나 자신의 깊은 그 속에 불성으로 깃들어 있는 것입니다. 그러므로 부처님께서는 그 청정불성에 대해서 고구정녕하게 이르셨던 것입니다.

얼마나 다행한 일입니까. 우리는 아직 그 불성을 향해 안으로 안으로 좀 더 깊은 마음을 찾아 나가야 합니다. 그리고 그 깊은 나 자신의 당체를 믿어야만 합니다. 그 당체(주인공)야말로 나 자신과 이 세계를 모두 건지는 것이기 때문입니다.

大玄 전 경남 의창 우곡사 주지

주인의 삶 노예의 삶

오늘이라는 이 시대의 현장은 이기와 독선이 팽배하고 편견과 아집의 장벽으로 굳게 막혀있습니다. 이웃이 쓰러져도 유약자가 짓밟혀도 강건너 불구경인양 외면하는 냉혈한이 되어 가는 것이 현재사회입니다. 그것은 물질문명에 의한 경제적인 부富만이 인간행복의 기준을 삼고 윤리적, 도덕적 사회성을 가진 인간관을 상실했기 때문입니다. 이에따라 정신문화는 황폐하고 비인간화의 심화현상이 더욱 두두러져 결국은 현대병리인 인간성 상실을 가져오게 했습니다.

이런 때 불교의 가르침으로 현대사회의 심화된 병리현상을 치유할 수 있는 선명한 길이 모색되어야 합니다.

인간생활의 원동력은 인생관에서 나오고 인생관의 정립은 부처님 가르침의 실천을 통해 확립시켜야 합니다. 소박하고 검소한 생활이라든가 이웃을 돕고 봉사하는 행위는 자비심의 발로이며, 자비심은 차원높은 불교의 영역이기 때문입니다.

인간은 누구나 자기라는 근원을 잊어버리기 쉽습니다. 자기 자신의 본질에 대한 투철한 자각이 없이 그 본원에서 이탈하여 자기의 실체를 알지 못하고 대상을 통해서만이 자기를 인식하려고 합니다.

이런 자세는 자기의 내적 심화보다도, 모든 대상을 감각적으로 받아들여 집착하기 때문에 마음이 항상 거짓되고 불안해지는 것입니다. 이런 인간에게 자기성찰의 기회를 주는 것이 불교입니다.

그러므로 불교는 인간들에게 그들의 위치를 바로보게 하고, 가야할 길을 분명히 조명하는 등대가 되어야 합니다.

현대라는 이 사회는 조직과 권위와 경쟁의식으로 개인의 머리는 가득차있습니다.

조직에서 낙오된 예외자가 될 수 없고 권위나 명예의 상층부를 쥐고 대중앞에 군림해야 되고 또 지식이나 학문의 심층부를 이해 해야 되겠고 물질이나 경제적인 부의 극대화를 꾀해야 하는 등 갈등속에서 신음하는 현대인은 정신공해에 빠져있습니다. 이것이 현대병이며 이것은 부처님의 가르침으로 치유해야 합니다.

요즘 복잡한 현실은 많은 허상을 보여주고 있습니다. 참된 자기를 못보고 허상을 쫓아 헤맬 때 그 인간은 자신에게 회귀할 수 있는 마음의 여유가 없게 됩니다. 신앙은 인간에게 자신의 마음속에 풍요로움을 느끼게 하여 자신의 내면성과 깊은 만남을 약속합니다.

그것은 자신의 노력과 소망과 희원의 자기의지에서 오는 일관된 축복이기 때문입니다. 신앙의 본질은 우주법계의 만덕만행萬德萬行을 다 갖춘 마음밭에 경작하는 노동의 주역이기 때문입니다.

작가가 글을 써도 그 글속에 작가의 신념과 사상 즉 작가적 혼이 어려있는 작품이 아니면 그 글은 죽은 글이며 독자에게 어떤 느낌이나 감동도 줄 수 없습니다.

그것은 언어의 유희에 불과하듯 신앙도 그 사람의 가슴속 깊이 사무쳐 흐르는 생명의 소리 즉 투철한 신념에 의한 간절한 희구가 아니면 그 사람의 신앙은 피상적인 행위에 불과합니다.

인간자신의 내면성에 갖추어진 무한한 가능성을 한 가지도 붙잡지 못하고 오히려 맹목적인 신앙의 압박에서 벗어나지 못하면 자기관념의 노예가 되어 어리석음만 가져 오게 됩니다. 여기에서 종교가 아편이라는 공산주의자들의 질시의 대상이 되는 것입니다.

진정한 신앙은 그 무엇에도 노예화가 되는 것이 아닙니다. 인간의 육체는 무상한 존재입니다. 끊임없는 동요와 변질, 존재의 가변성적인 행위 자체를 삶의 연속이라 하지만 육체의 존재는 변질적인 흐름에 있고 그 속에 내재한 마음은 가변성적인 의식작용에 있는 것입니다

정신과 육체를 냉각시키는 어떠한 시대적 시련이나 개인적 환난이 닥쳐도 능히 이겨낼 수 있는 인내와 관용, 생의 예지를 가질 수 있어야 하겠습니다.

大曉 원명선원 원장

신심과 改宗

아주 드문 일이기는 하지만 우리 주변을 보면 가끔 타종교他宗教로 개종하는 불자佛子가 더러 있는 모양입니다. 몇십년동안 열심히 불교를 믿다가 개종했다는 얘기를 들을라치면 도대체 그는 무엇을 믿다가 무엇을 믿기 위해 개종을 했을까 하는 궁금증을 갖게 됩니다.

기왕 다른 종교로 개종을 한 불자佛子에게는 착실한 신앙생활을 계속해주기를 바라면서 한편으로는 불교를 믿는 사람들은 이제부터라도 자신의 신심信心에 대한 반성을 촉구하고 싶은 마음이 간절합니다.

뿌리깊은 나무가 바람에 흔들리지 않듯이 신심의 뿌리信根가 깊어야 온갖 삿된 유혹으로부터 자신을 지킬 수 있기 때문입니다.

그래서 〈화엄경〉은 신심의 중요성을 이렇게 강조하고 있습니다.

"믿음은 도道의 근원이요 공덕의 어머니다. 그러기에 믿음은 온갖 선법善法을 길이 기르며 의심의 그물을 끊고 갈애에서 벗어나 열반에 이르게 한다."

그러면 불교에 있어서 바른 믿음이란 무엇을 의미할까요, 주석가들은 여러 가지 해석을 하고 있지만 쉽게 설명하면 보리심菩提心과 자비심慈悲心이라 할 수 있습니다.

보리심은 보리菩提(=Bodhi)를 얻고자 하는 마음, 자기의 본래 성품을 보아 참된 자기를 실현하고자 하는 마음입니다.

불교의 최후 목적이 고통을 떠나 위없는 행복涅槃樂을 이루고자 하는 것이라 할 때 진리를 구하고자 하는 간절한 마음이 절대적입니다. 이 간절한 마음은 구하고자 하는 진리에 대한 확신에서만 나옵니다.

저 언덕에 이르면 영원한 행복이 있다는 확신, 진리를 깨달음으로써 온간 번뇌를 극복할 수 있다는 확신이 없으면 불교가

지시하는 여러 가지 수행을 실천할 수 없습니다.

선가禪家에서 선의 3대 요건으로 대분심大憤心 · 대의심大疑心과 더불어 대신심大信心을 강조하는 것은 믿음이야 말로 진리의 세계에 진입하는 발판인 까닭입니다.

요컨대 결단코 금생에 성불하고야 말겠다는 각오와 할 수 있다는 믿음이 절대적 요건이라는 얘기입니다.

신심의 또 다른 일면을 말하는 자비심은 보리를 구하려는 사람이 반드시 가져야 할 마음입니다. 자비심이란 〈관무량수경〉에 의하면 "차별을 두지 않고 사랑으로 일체중생을 구제하는 마음"이라 했습니다. 또 〈화엄경〉 보현행원품은

"모든 중생에게 수순隨順하여 섬기고 공양하기를 부모와 같이하고 부처님과 다름없이 해야한다. 어두운 밤에는 등불이 되고 가난한 이에게는 도움을 주어야 한다. 왜냐하면 보살이 중생에게 수순하는 것은 곧 부처님을 기쁘게 하는거나 마찬가지인 까닭이다."

라고 말하고 있습니다.

이 가르침의 요지는 자비심을 일으키지 않는 한 보리심도 얻을 수 없으며 보리심을 일으키면 반드시 자비심을 가져야 한다는 것입니다. 다시말해 보리심과 자비심은 선후관계가 아니라 동시적이며 자비심이 곧 보리심이어야 한다는 얘기입니다.

불교에서 말하는 신심이란 바로 이같은 보리심과 자비심을 내용으로 한다고 할 때 우리 불자佛子들 가운데 진실로 신심깊은 사람이 몇이나 되나 되 돌아볼 일입니다. 절에 나온다고, 말로 불교를 믿는다고 모두 불자佛子라 할 수는 없습니다. 보리심과 자비심을 가져야 불자입니다.

그렇다면 개종한 사람이 진실한 불자佛子였느냐에는 상당한 의문이 남습니다. 아울러 그들을 진실한 불자佛子로 만들지 못한 불교의 교화 사업에 대한 뼈아픈 반성을 하게 됩니다.

다시 한번 포교의 중요성을 절감하면서 우리들은 일체중생에게 자비심과 보리심을 심어주겠다는 대원大願을 가져야 하겠습니다.

德眞 울산 정토사 주지

1951년 출생
1976년 통도사 성파스님을 은사로 득도
1980년 부산 금화사 주지
1987~90년 부산지역 향군법사 단장
1988~2006년 울산 정토사 창건 · 주지
1997년 정토불교 대학 설립 · 학장(현)
2001~06년 울산 사원연합회 회장

大悲로 앓는 병

부처님의 부촉으로 유마거사에게 병문안을 간 문수보살이 말했습니다.

"거사여, 병은 좀 참아 견딜 수 있으며 치료에 차도는 있습니까? 병은 무엇으로 인해 생겼으며 얼마나 오래 됐습니까? 또한 이 병은 언제나 낫겠습니까?"

유마거사가 답했습니다.

"어리석음을 좇아 애착愛着이 있어 내 병이 났으니 일체중생에게 병이 있으면 나도 병이 있습니다. 따라서 일체중생의 병이 없어지면 내 병도 없어질 것입니다. 병이 어디서 일어났느냐 하면 보살의 병은 대비大悲에서 일어나는 것입니다." 〈유마경〉

문수보살과 유마거사와의 이러한 대화는 모든 생명을 사랑하고 남의 고통을 내 몸처럼 한다는 동체대비同體大悲의 보살정신을 강조하는 대목입니다.

현재 우리나라는 여러가지 종교신앙과 동서양의 각종 사상이 난무하고 있지만 국민의 바른 가치관을 심어주는데 그 힘이 여전히 미흡합니다. 게다가 개인과 개인 사이에는 이기적 사고가 팽배해 있어 어느 때보다 불교의 대비사상이 절실히 요구된다 하겠습니다.

따라서 오늘날의 불제자들은 먼저 온 국민의 고뇌를 불교의 아픔으로 받아들이려는 마음가짐과 자비행의 실천을 위해 각고의 노력을 베풀어야 할 것입니다.

우리 사회는 지금 각계의 계층과 집단, 개인과 집단이 어우러져 자신들의 욕구를 채우기 위한 목소리를 크게 앞세우고 있습니다.

일례로 얼마전엔 국민의 선량들이 모여 국정을 결정하는 국회의사당에 각목과 죽창을 앞세운 1만여 농민들이 과격한 시위를 벌였습니다. 자칫하면 안정의 궤도에서 이탈해 혼란을 야기할 조짐이 아닌가 해 걱정스럽기도 합니다.

이유는 여러가지가 있습니다. 허리가 휘어지고 뼈가 바스러지도록 죽자고 일만했던 농민들의 생계대책에 대한 정부의 무관심의 반영일 수도 있고 농민들이 정부에 대한 농정의 이해부족도 한 근거로 들 수 있습니다.

서로가 서로의 입장에 서서 고뇌의 순간을 교환할 수 만 있었다면 이같이 큰 불행한 사태는 나타나지 않았을 것입니다.

나만을 위하고 개인의 권리를 앞세우며 자기 주장만을 끈질기게 고집한다면 이 현실이 매우 걱정스럽지 않을 수 없습니다. 모든 것에 불보살의 대비정신과 이타행利他行이 더욱 요구되는 순간이기도 합니다.

불보살의 대비이타행大悲利他行은 구호가 아닙니다. 작고 쉬운 것부터 몸으로 행하는 데 그 본뜻이 있습니다. 큰 자비는 외치는 것으로 그칠 염려가 있으나 작은 정성은 실행함으로써 소중함을 느끼기 때문입니다.

이런 이유로 2년전 부터 뜻을 같이 하는 몇몇 불자와 함께 매월 사회의 그늘에 가리어 소외받는 이들을 찾아 같이 어울리는게 습관처럼 돼버렸습니다.

매번 무엇인가를 주고 정을 나누며 오자는 의도로 작은 성의를 보이기도 했지만 오히려 따스한 인간애를 듬뿍 담아 오게 되는 것을 느낀 것도 사실입니다. 이처럼 남을 이해하고 위로하는 맑은 마음이 선행을 행한다면 우리 사회는 한층 맑고 건강한 모습이 될 것입니다.

동체대비同體大悲는 이웃과 고통을 나누어 갖자는 가르침입니다. 백지장도 맞들면 낫다는 속담처럼 아픔은 나누어 가질 때 가벼워 지고 즐거움도 함께 할 때 더 커집니다. 더 큰 기쁨을 위해 우리 모두는 대자大慈의 병病을 앓아야 합니다.

향락적 삶의 과보

오늘날 세계는 「인간이 만든 천형天刑」으로 불리우는 AIDS(후천성 면역결핍증) 공포에 떨고 있습니다. 밤낮을 모르고 흥청대던 향락업소는 에이즈에 대한 경고가 있은 후부터 유흥객의 발길이 뜸해지고 있다는 매스컴의 보도입니다. 술꾼들 사이에 성행하던 술잔돌리기 풍습도 자취를 감추기 시작했다는 말도 들립니다. 이 병에 대한 공포가 얼마나 큰가를 보여주는 사례들입니다.

에이즈는 현재로써는 한 번 걸리면 회복이 불가능한 것으로 알려져있습니다. 세계의 의학계는 에이즈 바이러스를 물리칠

항체 개발에 총력을 다하고 있지만 아직은 성공하고 있지 못하는 형편입니다.

과거에 없던 에이즈가 현대에 와서 갑자기 세계를 공포의 도가니로 몰아넣게 된 배경에는 현대인들의 문란한 성性생활이 그 원인이라고 합니다.

에이즈는 정상적인 성생활을 하는 사람이 감염될 우려가 매우 희박하다는 것에서도 이 병이 어떻게 해서 퍼지고 있는가를 짐작할 수 있습니다.

에이즈는 무한대한 향락적 생활만을 추구해온 현대인이 받아야 할 당연한 업보인지도 모릅니다.

인간의 성적 충동은 본능에 속하는 문제입니다. 본능은 생물학적인 욕구입니다. 본능을 본능으로써만 방치할 때 인간은 더없는 불행의 늪에 빠지게 됩니다.

재물에 대한 욕망이 그렇고 성애性愛에 대한 욕망이 그렇습니다.

인간이 욕망과 본능의 노예가 된다면 동물보다 천박해지기 쉽습니다. 성행위의 경우는 더욱 그렇습니다.

동물은 자연의 섭리에 따라 매우 규칙적으로 행위를 합니다. 그들은 결코 아무 때나 암수가 어울리지 않습니다. 그들이 어울릴 때는 생식生殖을 위한 발정기發情期때 뿐입니다.

이에 비해 「만물의 영장」이며 「이성적 존재」라는 인간은 어떠합니까. 아무 때나 충동을 일으키고 행위합니다.

가정파괴범을 비롯한 갖가지 성폭력이나 매음행위 향락적 부정不淨행위는 인간만이 저지르는 볼상사나운 짓거리입니다.

우리는 흔히 도덕적으로 타락한 사람을 동물에 비유해 비난합니다. 그러나 인간이 이처럼 문란한 성행위는 하등한 동물보다 우수하다고 볼 수 없습니다. 성행위에 관한한 결코 동물보다 낫다고 할 수 없다고 해도 변명의 여지가 없는 것이 오늘날의 성풍속도性風俗圖입니다

인간이 지금 어디까지 와 있는가를 돌아보면 이러한 지적은 충분한 정당성을 갖습니다.

향락적 삶만을 전부인양 생각하는 풍조, 성적 메시지로 가득한 상품광고며, 영화 · 음란도서의 범람, 성적 자극을 불러일으키는 여자들의 옷차림 등 실로 현대는 성性의 홍수시대를 방불케 합니다. 심지어는 「섹스산업」이라는 말이 나올 정도입니다.

이러한 상황이 계속되는 한 인간의 도덕적 타락은 불가피하고 에이즈의 확산도 막을 길이 없습니다.

인간의 도덕적 타락, 그 업보인 에이즈로부터 벗어나는 길은 하나뿐입니다. 인간 스스로가 충동적 욕망을 조절 제어하고 도덕성을 회복하는 것입니다.

부처님은 경전의 여러곳에서 성적 욕망을 자제할 것을 당부하였습니다.

율장律藏에서 부처님은 출가자의 성행위를 금하는 불음계不淫戒를 가르쳤고 재가자에게는 배우자 이외의 이성異性과 관계를 금하는 불사음계不邪淫戒를 설했습니다.

성행위 자체가 죄악이 되는 것은 아니지만 그로 인해 인간은 더 깊은 욕망의 수렁으로 빠지기 때문입니다.

오늘날 세계적으로 퍼져가는 에이즈의 공포는 타락한 성생활에 대한 경고로 받아들여야 합니다. 부처님이 말씀한 「청정한 삶」을 다시 한번 상기해야 할 때입니다.

하루 일하지 않으면 먹지 말라

중국 당나라 때의 유명한 선승 백장회해百丈懷海(720~814) 선사는 엄격한 작무생산作務生産의 정신으로 평생을 살았던 고승입니다.

스님의 문하에는 수백명의 제자들이 함께 수행하고 있었습니다. 이들은 모두 백장스님이 제정한 선문禪門의 새로운 제도 선원청규禪苑清規에 의해 생활했습니다. 청규란 선승들의 집단생활의 규율을 규정한 것으로 그 특징은 수행자는 누구나 노동에 종사해야 한다는 것이었습니다.

하루 일하지 않으면 먹지 말라.

一日不作 一日不食

는 명언은 바로 청규에 나오는 가르침입니다.

이 규정은 백장선사가 제정했다고해서 「백장청규」라고도 불리우는데 이에는 백장선사 자신도 예외가 아니었습니다.

백장선사의 나이 80세가 넘었을 때의 일입니다. 한 산문山門의 어른인 백장은 노구에도 불구하고 젊은 제자들과 밭에 나가 김매기를 사양하지 않았습니다.

제자들은 보기에 민망해 몇 번이고 이제 그만 쉬라고 권했으나 스승은 막무가내였습니다. 제자들은 스승을 쉬게 하려고 하루는 아예 괭이를 감추고 말았습니다.

밭에 나갈 수 없게 된 백장선사는 그날 하루를 일하지 않았으니 먹을 수 없다며 끝내 굶고 말았습니다. 제자들은 스승의 고집에 굴복해 다시 괭이를 내놓지 않을 수 없었습니다.

백장스님이 보여준 이같은 삶의 태도는 오늘날 우리에게 많은 교훈을 줍니다.

노동이란 인간이 살아있는 한 영원히 분리할 수 없는 생활수단입니다. 재화획득의 가장 기본적인 수단이 바로 노동입니다.

따라서 노동하지 않는 자가 많은 재화를 가질 수 없는 것은 너무나 당연한 일입니다.

그러나 우리의 현실을 보면 노동의 양과 재화획득의 정도가 반드시 일치하는 것만은 아닌 것 같습니다. 더 직접적으로 말하면 자본주의 사회에서는 오히려 일하지 않고 노는 사람이 더 많은 재화를 소유하는 것이 현실입니다.

막 노동판에서 하루종일 죽도록 일하는 사람의 임금은 몇 만원이 조금 넘습니다. 직장에 나와 일하는 사람도 그 봉급으로 집 한채를 사려면 허리띠를 졸라매고 살아도 몇 십년이 걸린다는 계산이 나옵니다.

하지만 부동산에 투기하는 사람은 가만히 앉아서 한 두달 사이에 몇 천 몇 억원을 버는 경우도 있습니다.

요즘 「4천만의 오락」으로 각광받는 고스톱판도 잘만 했다면 하루저녁에 몇 백 만원을 거뜬히 챙깁니다.

이런 현실에서 일해야 잘 산다는 등식은 허무맹랑한 공자왈에 불과합니다. 때문에 사람들은 너나 할 것 없이 오직 「눈먼 돈」에만 혈안이 되어 있습니다.

정당하게 일하고 그 댓가로 재화를 획득하려는 것이 아니라 어떻게 하면 나도 남처럼 한탕해서 일확천금을 거머쥘 수 있을까에 골몰합니다. 재화를 얻기 위해서는 도둑질이나 강도까지도 이유있는 행동으로 인정되는 판국입니다.

오늘날 사회에 만연하고 있는 배금주의 · 한탕주의는 바로 노동의 가치에 대한 정당한 보상이 이루어지지 않는데서 오는 부작용이라 할 수 있습니다.

노동에 따른 공정한 분배는 옛부터 국가경영의 기본이었습니다. 자본주의 · 공산주의의 대립도 따지고 보면 분배문제를 둘러싼 이데올로기의 대립에 불과합니다.

노동의 가치를 제자리로 돌려 놓아야 합니다. 모두가 일한 만큼의 댓가를 바라고 남이 가져야 할 몫을 가로채려고 하지 말아야 합니다. 남의 몫을 가로채는 행위는 부처님께서 금지한 「도둑질 하지 말라.」는 가르침에 위배되는 것입니다.

불자 가운데 투기하거나 노름하는 사람이 있어서는 안됩니다. 하루 일하지 않으면 먹지 않는다는 백장청규의 정신을 모두 깊이 새겨야 합니다.

道明 전월정사 주지

평등해야 할 법

사람이 모여 공동생활을 하는 곳은 어디를 막론하고 지켜야 할 법과 규범이 있습니다. 모두의 이익과 권익을 보호하기 위해 법은 반드시 지켜져야 합니다. 법은 궁극적으로 「법 없는 사회」를 지향한다는 말도 있지만 그것은 어디까지나 이상론理想論일 뿐, 현실은 법에 의해서만 질서와 안정이 유지됩니다. 법은 만인에게 평등한 것입니다. 누구든 법의 보호를 받을 권리가 있습니다. 그러나 법은 의무를 다하는 사람에게만 권리를 보장합니다. 철저한 의무 · 권리의 관계가 법입니다.

준법에 관한 유명한 얘기로 「소크라테스의 약사발」이 있습니다. 소크라테스는 사형의 약사발을 받기 전 도망칠수도 있었으나 "악법도 법이기 때문에 지켜야 한다."며 죽어 갔습니다. 소크라테스의 태도가 옳으냐 그르냐에 대해서는 평가가 엇갈릴 수도 있습니다.

「소크라테스의 약사발」에서 한가지 간과할 수 없는 것은 비록 그 법이 악법이라 하더라도 평등했었는가 하는 점입니다. 법이 법답기 위해서는 모두에게 평등해야 합니다. 누구는 터럭만한 잘못을 해도 엄한 규제를 받는데 어떤 사람은 엄청난 범죄를 저질러도 처벌받지 않는다면 있으나마나 한 것입니다. 소크라테스가 약사발을 태연하게 받은 것은 정의正義에는 설사 옳지 않다하더라도 적용에 있어서만은 평등했었기 때문일 것입니다. 정의正義에 부합되지 않는 법을 평등한 법이라 할 수 있느냐에 대해서는 법철학적法哲學的인 문제이므로 일단 논외論外로 한다면 공정하게 집행되는 법은 일단은 지켜야 하는 것이 옳습니다.

불교의 계율정신은 준법에 관한 문제에 있어 많은 본보기를 줍니다. 계율은 승단 구성원의 조화롭고 질서있는 생활을 위한 규범으로 모든 사람에게 공평무사 합니다. 한번 정해진 계율 앞에서는 부처님도 예외가 될 수 없습니다. 율장律藏에 보면 여름안거가 끝나는 날 부처님은 제자들과 엄숙하게 자자自恣를 하는 장면이 감동적으로 묘사되어 있습니다. 자자란 안거가 끝나는 날 공부하던 대중들이 모여 보고見 듣고聞 의심났던 일疑를 가지고 서로 죄를 고백하고 참회하는 행사입니다. 부처님은 승단의 가장 큰 어른이지만 이 의식이 시작되면 먼저 일어나 대중들에게 허물을 고백하는 것입니다.

"대중들이여, 지난 3개월 동안 나는 보고 듣고 생각함에 허물이 없었는가. 만약 있었다면 나를 불쌍히 여겨 그것을 지적해 달라. 참회하겠노라."

물론 부처님에게는 허물이 없습니다.

그럼에도 불구하고 대중(제자)앞에서 자신의 잘못을 묻는 부처님의 태도는 지계(준법)가 무엇인가를 일깨워줍니다.

법이란 위에서부터 지켜야 하는 것입니다. 나는 「바담風」이라 하지만 너는 「바람風」을 하라면 법은 지켜지지 않습니다.

근자에 우리 사회의 모양을 보면 법을 지키는 것은 힘없는 백성이요, 어기는 것은 높은 사람들이라는 생각이 듭니다. 사회의 지도적 위치에 있는 사람들이 교묘하게 법망法網을 피해 탈세를 하는가 하면 폭력을 막아야 할 사람들이 폭력을 행사하는 어처구니 없는 일도 벌어지고 있습니다. 이래가지고야 법이 법답게 지켜질 리가 없습니다.

소크라테스의 약사발은 힘없는 사람 뿐만 아니라 힘있는 사람에게도 공정하게 내려 질 수 있어야 법이 지켜진다는 사실을 우리 모두 깊이 깨달아야 할 것입니다.

道文 전 서울 대각사 주지

1935년생
1946년 동헌스님을 은사로 득도
석가여래부촉법 제70세
네팔 룸비니 대성석가사 조실
죽림정사 조실

최상의 복전

불자라면 누구나 불 · 법 · 승 삼보三寶에 귀의해야 합니다. 왜냐하면 삼보는 일체중생의 의지처이고 동시에 어진 벗이 되며 복전福田이 되기 때문입니다.

삼보에 공양함으로써 중생이 복덕을 쌓아 나가는 것을 복전福田이라 합니다. 복전은 마치 농부가 밭에 씨를 뿌려 가을에 수확하는 것과 마찬가지로 여래와 비구 등 공양을 받을만한 법력이 있는 이들에게 공양함으로써 복덕을 쌓는 것을 말합니다.

재가신도의 수행을 설한 〈우바새계경〉에는 복전을 경전敬田과 은전恩田, 그리고 비전悲田으로 나누어 그 구체적인 실천자세를 가르치고 있습니다.

첫째, **경전**敬田이라는 것은 불·법·승 삼보에 귀의하여 공경·공양·예배·참회·발원하는 것입니다. 이렇게 할 때 그 행위는 곧 복전이 된다는 뜻입니다. 여기서 공경이란 자기의 몸을 낮추어 받드는 것을 공恭이라 하고 상대방을 존중하는 것을 경敬이라 합니다.

또 공양이란 삼보와 어버이, 스승과 조상님 영가 등에게 음식·의복·탕약 등 필요한 것을 공급하여 봉양하는 것입니다. 예배는 공경하는 뜻을 몸으로 표현하는 형식을 말하며, 참회는 과거에 지은 죄를 뉘우치고 뉘우침으로 말미암아 다시는 죄를 짓지 않겠다는 맹세를 말합니다.

스스로 지은 죄를 뉘우쳐 용서를 비는 참회에는 그 방법과 성질에 따라 포살布薩, 자자自恣, 삼종참법三種懺法, 삼품참회三品懺悔등이 있습니다.

또한 발원이란 원구願求하는 마음을 내어 수행을 게을리 하지 않아 반드시 증과證果에 이르려는 서원이며, 나아가 극락정토를 이룩하여 중생을 구제하려는 서원을 세우는 것입니다.

두번째, **은전**恩田은 어버이와 스승, 나라와 중생의 은혜를 갚음으로써 복전이 된다는 뜻입니다. 다시 말하면 양육하고 교육한 은혜가 있으니 은혜를 갚는 마음으로 모시면 장래에 행복한 결과를 받는다는 말입니다.

세번째로 비전悲田이란 정신적 · 육체적 · 물질적으로 힘닿는 범위내에서 어렵고 불행한 사람들을 건져주고 동정하면 한량 없는 복보福報를 받는다는 뜻입니다.

이러한 복전福田사상은 스님의 가사를 복전의福田衣라 하여 비구가 가사를 입음으로써 다른 이의 공양을 받아 몸과 목숨을 유지하며, 또 다른 이에게 교법을 말하여 주어 자기와 다른 이가 함께 복덕을 받는다고 가르치고 있습니다.

또 사찰의 보시함을 복전함이라 하는 것도 이와같은 이치에서 비롯됩니다.

모든 불자들은 이같은 복전의 가르침을 항상 수지하고 더불어 염불 · 간경 · 참선 · 주력呪力 · 불사佛事의 오대 수행문五大修行門을 수행하는데 힘써야 합니다. 이같이 삼보에 귀의하고 오계를 받아 사람다운 사람이 되기 위한 수행에 힘쓸 때 성문승聲聞乘, 연각승緣覺乘, 보살승菩薩乘, 일불승一佛乘의 경지에 들어서게 됩니다.

성문승이란 사성제의 이치를 관觀하여 성문의 사과四果를 증득하여 열반에 이르는 것이며, 연각승은 십이인연을 관觀하여 벽지불과에 이르는 것을 말합니다.

또 보살승이란 육바라밀법을 수행하여 생사고해를 건너 이상경인 열반의 언덕에 이르는 것이며, 유일한 성불成佛의 교법을 일불승一佛乘이라 말합니다.

진정한 불자라면 항상 부처님의 가르침에 의지해야 합니다. 불법의 인연은 언제나 올바른 공덕을 쌓아나갈 때 그에 상응하는 복덕을 받는다고 합니다. 공들여 씨앗을 뿌리고 가꾼 땅에 알찬 열매가 맺듯이 우리 불자들도 열심히 공덕과 수행을 쌓아야 좋은 과보를 받을 수 있습니다. 불자佛子에게 가장 훌륭한 과보果報는 지혜의 눈이 열리는 것입니다.

道安 L · A관음사 주지

1952년 범어사에서 동암스님을 은사로 출가
1975년 미국 로스엔젤레스 관음사 개원 · 주지
1986~95년 미국 불교협회 공동의장
2006년 8월 28일 L · A에서 입적

세계는 한지붕

신라 화엄초조華嚴初祖 의상義湘대사는 당나라 지엄화상智儼和常에게 〈화엄경〉을 수학한 후 지은 법성게法性偈에서 이렇게 설했습니다.

一微塵中含十方
一切塵中亦如是
한 티끌 작은 가운데 세계를 품었고
낱낱이 모든 티끌 가운데 세계가 다 들었다.

지금의 국제정세는 이러한 모습을 보여줌에 다름 아닙니다.

동서의 이데올로기 경쟁은 옛말이 되었으며, 핵무기 감축을 위한 미 · 소 정상회담이 개최된다 싶더니 이젠 소련의 위성국인 동구권의 폴란드와 헝가리를 부시 미국대통령이 방문을 끝냈고, 이에 앞서 소련의 고르바초프도 서방의 여러 나라를 이미 순방한 바가 있습니다.

이러한 일련의 현상들은 긴장완화와 세계 평화공존의 분위기 조성을 전제로 이념적 · 사상적 대립보다는 경제적 실리외교를 통한 통치이념으로 궤도를 수정하고 있음이 아닌가 합니다. 그렇듯 지구촌은 갈등 · 반목 · 긴장의 역사속에 머물며, 또한 흘러가면서, 다시 새로운 시대조류의 새역사 창조를 향해 한 고비를 넘어가고 있는 것입니다.

거룩하신 부처님께서도, 이 우주의 법칙을 제행무상 · 제법무아 · 열반적정을 통해 새롭게 인식시켜 주고 있습니다. 이 삼법인三法印의 원리에 의해 오늘을 사는 인간과 사상과 역사가 돌고 도는게 아닌가 하는 생각이 들기 때문입니다.

잠시 세계 도처에서 일고 있는 변화의 모습을 보면, 자유경제만이 중국을 살릴 수 있다고 개방정책을 표방해온 권력층이, 이젠 통치이념인 정치제도까지도 서구식으로 민주화해야 한다며 천안문 광장을 메운 학생과 시민들을 강제진압으로 무산시켰고, 지금은 산발적으로 지역도처에서 시위군중과의 충돌로

사상자를 내고 있다는 보도입니다.

그러나, 이러한 변화는 무력으로 막을 수 만은 없는 역사적 조류라고 여겨집니다. 왜냐하면 현재 우주공간에 무수히 떠있는 정보통신 위성은 우리들의 일거수 일투족을 직시하고 있음으로써입니다.

때문에 일당독재와 유일사상으로 45년간을 통치해온 동토의 북녘땅에도, 개방화의 물결로 인해 세계로 열풍처럼 번져가고 있는 시대적 흐름에 끝내는 굴복하지 않을 수 없게 될 것입니다.

이것은 우리 자신이 원하든 원치 않든 필연의 원리입니다. 그것은 우리 민족이 5천년 역사속에 3천여 차례의 전쟁으로 얼룩진 민족사를 갖고 있기 때문입니다.

그 유구한 역사속에 숱한 제도적 정치체제로 탈바꿈하며 오늘의 역사 앞에 엄숙히 서 있는 것입니다. 때문에 이젠 눈을 떠야 하는것입니다.

세계는 하나요 세계를 한 지붕으로 보는 눈 말입니다. 세상을 바르게 보는 눈肉眼, 내 마음의 탐 · 진 · 치를 끊어버리는 눈心眼, 국경 · 인종 · 종교 · 언어를 초월하여 세계를 절대평등의 하나로 보는 눈天眼, 전쟁 · 질병 · 기아로부터 해방되는 묘안을 찾아내는 눈慧眼, 동쪽과 서쪽 · 왼쪽가 오른쪽 · 남쪽과 북쪽 그리고 너와 나를 뛰어 넘어 만생명을 사랑하고 제도하는 눈佛

眼을 떠야 하는 것입니다.

일천개의 강물이 바다佛法大海로 돌아가면 오직 한 맛인 짠맛이 됩니다. 바다는 일천 강물을 다 받아 들이지만 그 바닷물은 결코 늘거나 줄어듬이 없습니다.

부처님 바다에는 흰둥이도 검둥이도 황둥이도 없습니다. 그리고 모든 이데올로기도 초월합니다.

세계는 한지붕(眞理 · 法)이기 때문입니다. 우리는 이것을 여실히 깨우쳐 알아야 겠습니다.

道永

1941년 출생
1961년 금산사에서 원주스님을 은사로 득도
1969~98년 김제 홍복사 · 금산사 주지
1987년 총무원 교무부장
제 8 · 9 · 10대 중앙종회 의원
불교 텔레비전 이사
2006년 조계종 포교원 원장

계를 지키는 공덕

재가신자거나 출가스님이나를 불문하고 실생활을 위한 정신 자세를 규정한 덕목을 계율戒律이라고 합니다.

계율은 불자로서 마땅히 수지해야 하는 것으로 단순히 신체 행동身에 관한 것만은 아니고 언어口와 생각意까지도 포함됩니다.

흔히 계戒를 정혜定慧와 함께 삼학三學이라고 일컫는데 셋 가운데 계戒가 제일 앞에 있습니다. 계목을 실제 행동과 연결시켜 계행戒行이라고 하고 있으므로 계율준수의 중요성은 아무리 강조해도 지나치지 않습니다.

부처님말씀을 입으로만 말하고 행동거지가 법에 맞지 않으면 아무 가치가 없는 것입니다.

부처님은 〈능엄경〉에서 다음과 같이 말씀 하셨습니다.

'계율을 바탕으로 해야만 선정禪定에 들수 있고
정定에 의지해야만 지혜가 성취된다.
因戒生定 因定生慧"

따라서 계율戒律은 단순히 무엇을 하지 말라는 식의 부정적 소극적인 것만은 아니고 '온갖 선업善業발생의 근본'이 됩니다. 지계持戒는 흡사 폭풍우를 막아주는 움막과 같아서 우리몸을 지켜주는 방벽防壁의 역할을 합니다.

불교에 입문한 신자는 수계를 받습니다. 수계는 말그대로 부처님이 정한 계율을 엄격히 지킬 것을 서약하는 의식입니다. 수계를 받아야만 정식으로 신자가 되는 것이고 계율을 지켜야 진정한 의미에서 불자가 되는 셈입니다.

스님들의 경우도 출가이후 정해진 절차를 마치고 사미계 혹은 비구계를 수지해야만 비로소 스님이 되는 것입니다. 따라서 수계受戒에 부여된 상징적인 뜻은 매우 심장합니다.

그런데 언제부터인지 모르게 불자들 사이에 재가신자 오계五戒경시풍조가 만연 돼 있습니다. 생활이 날이 갈수록 복잡해지고 각박해 지므로 계율준수가 쉽지 않은 것은 사실입니다.

물론 계율 가운데에는 현대사회에 맞지 않는 항목도 있을 것이고 사회변화에 따라 계율로써의 의미가 퇴색해 버린 경우도 있을 것입니다.

그러나 계율은 낱낱이 엄수하는데 의의가 있지 않고 「지계持戒를 통한 자성自性의 회복」에 근본 이유가 있으므로 앵무새같은 행동의 모방은 아무런 가치가 없습니다.

부처님은 '계율로써 스승을 삼으라.以戒爲師' 라고 말씀했듯 우리 불자들은 모름지기 스승을 다른 무엇보다도 계율에서 찾아야 합니다.

왜냐하면 계행이 청정하지 않으면 마음은 정화되지 않을 뿐만 아니라 참된 의미에서 불제자佛弟子라고 할 수 없기 때문입니다.

부처님은 재가신자의 신앙생활을 점검하기 위해 정해진 날에 계율을 외우게 했고 포살을 하게 했습니다. 계율을 범한 사람이 자신의 잘못을 고백하는 의식행사인 포살은 당시에는 매우 중요한 행사였습니다.

따라서 부처님은 계행戒行의 실천을 신행의 평가기준으로 삼았음을 알수 있습니다.

부처님은 계를 지키는 공덕에 대해 다음같이 말씀하셨습니다.

“계를 어기면 다섯가지 재앙이 따른다. 게으르기 때문에 재산을 잃고 나쁜 평판을 들으며, 착한 사람들이 모이는 곳에 가까이 가지 못하고, 죽음에 당해 마음이 혼미해지고 사후에는 지옥에 떨어진다. 계를 잘 지키면 다섯가지 공덕이 있게 된다. 근면하므로 정재淨財가 모이고 좋은 평판을 듣게되며 착한 사람의 모임에 즐거이 참여하고 죽을 때에도 마음이 안정을 잃지 않고 죽은 뒤에는 좋은 세계로 태어나게 된다.”

道海 부평 능해정사 주지

1944년 출생
1975년 도선사에서 혜성스님을 은사로 득도
1977년 도선법보 편집부장
1983~88년 인천 능해정사 주지
1985년 조계종 포교사
1989년 인천사암협의회 회장
1991년 영산정사 주지
중앙승가대 불교학과 교수

출가의 참뜻

출가出家라는 것은 기존세계로부터의 전환이며 한 개인의 삶에있어서 변혁을 의미합니다. 그것은 하나의 거듭난다는 것과 수없는 존재의 그림자를 이끌며 구축한 삶의 터전을 깨고 새로운 가치세계로 접어드는 것입니다.

불자라면 누구나 한번쯤 출가에 대해 생각해 보았을 것입니다. 그만큼 출가란 힘든 만큼 매력있는 길이기도 합니다.

출가의 목적은 한마디로 「나와 남이 함께 깨달음을 얻는것 自他一時成佛道」에 있습니다. 쉼없이 몰려드는 삶의 번뇌와 고통, 순간으로 왔다가 사려져 간 기쁨, 이런 존재적 실상들을 철저히 무상함으로 인식할 때 우리는 생의 집착으로부터 해방될 수 있습니다.

출가는 무엇보다도 「크게 버리는 결단」으로부터 시작됩니다. 출가자의 삭발은 바로 그런 의지의 형식적 표현입니다.

권력이나 부富는 물론 자신의 신체마저도 자기 소유가 아니라는 철저한 버림이 전제되지 않는 출가란 바른 의미의 출가라 할 수 없습니다.

부처님의 출가는 왕자라는 권력과 부귀영화, 단란한 가정을 흔쾌히 떨치고 진리의 길로 나섰기에 그 참의미가 있습니다. 이러한 가르침을 본받아 비록 재가신자라 할지라도 항상 아무것도 나의 것으로 고집하지 않는 출가정신으로 사는 지혜가 필요합니다.

다음으로 출가는 「크게 살려는 원력願力」이 전제되어야 합니다. 크게 버린다는 것도 사실은 크게 살기 위한 것임을 생각할 때 나와 남이 함께 크게 살려는 간절한 원願이 바로 출가의 생명력입니다.

진정한 출가는 새로운 삶을 찾아서 정진하고 그 길을 이웃에게 제시하여 크게 살리는데 있습니다.

중생의 아픔을 자신의 아픔으로 삼고, 자신의 수행을 중생에게 회향하는 출가자를 우리는 스승으로 받듭니다.

그러기 위해서는 항상 초발심初發心을 새롭게 다짐하면서 엄격한 수행과 넉넉한 보살행을 병행해야 할 것입니다.

마지막으로 출가자는 중생구제의 원력을 실현시킬 「현실적 힘」을 갖추어야 합니다. 물론 출가자의 가장 큰 힘은 지혜와 원력 그 자체입니다.

출가승들의 청정한 삶과 자비로운 미소, 그리고 그들이 지켜나가는 수행도량은 바쁘게 삶의 촌각을 이어가는 세속인들에게는 더없는 귀의처요 안식처이기 때문입니다.

그러나 오늘을 사는 현대인들에게는 부처님의 가르침이 보다 가깝게 피부로 느낄 수 있기를 갈망합니다.

그리고 고도로 발달한 물질문명은 현대인들을 쉴새없이 몰아치고 있으며, 산업사회가 낳은 인간상실은 우리를 불안하게 합니다.

이러한 시대를 담당할 출가승들의 역할 또한 더욱 더 구체적이고 힘있게 변모해야 할 것입니다.

"유능하고 솔직하며 그리고 단정할 것. 좋은 말을 하고 온화하고 교만하지 않을 것. 족함을 알고 편안한 마음으로 잡스러운 일에 구애받지 않고 간소하게 살아갈 것."

〈소부경전1, 경집8〉에 있는 말씀입니다.

출가정신은 날로 타락하는 현대사회의 마지막 버팀목이 되어야 합니다.

그리고 모든 분야에 전문적 힘이 축적될 때 불교는 이 시대에 다시 살아날 것이고, 그렇지 못하다면 자연히 쇠락하고 말 것입니다.

어떠한 개인이나 집단도 스스로 반성하고 점검해 보지 않는 한 발전을 기대하기 어렵습니다.

불교의 제자리 찾기는 당연히 출가정신을 되새김으로써 시작되어야 합니다. 정신없이 살아가는 현대인들에게 신선한 힘을 줄 수 있는 출가정신이 절실한 때입니다.

道行 함양 심원사 주지

청담스님을 은사로 득도

不二的 평등관

"온갖 사물은 특질이 없는 까닭에 평등하다. 실체가 없는 까닭에 평등하다. 생기는 일이 없는 까닭에 평등하다. 희론戱論이 없는 까닭에 평등하다. 허깨비같고 꿈같고 그림자같고 음향같고 물속의 달 같고 거울 속의 영상, 불꽃 · 환화幻化같은 까닭에 평등하다. 유有와 무無가 둘이 아닌 까닭에 평등하다."

부처님이 〈화엄경華嚴經〉에서 논급한 이 평등이란 고르고 한결같음을 의미합니다. 곧 차별을 전제하는 개념의 언어인 것입니다. 모든 것이 꼭 같다면 평등이라고 조차 말할 수 없을 것이기 때문입니다.

이 세상에는 무수히 많은 현상들이 존재합니다. 이들의 관계는 차별적입니다. 그런데 이들을 비교해 평등하다고 할 때 어떤 공통점이 있다는 것일 뿐 개별적 주체들의 특수성을 부정하는 것은 아닙니다.

그러나 평등이라는 어의가 보편성 · 공통성을 나타내고는 있으나 자칫 그 특수성이 무시되는 경향이 있습니다. 그래서 나타난 것이 불이不二라는 표현입니다. 즉 개별자의 특수성을 인정하면서 평등이 갖는 보편성과 특수성을 동시에 포용하고 있는 것입니다.

우리 사회의 지난 1년은 이러한 평등의 개념을 다시금 생각하게 하는 갈등의 연속이었습니다. 가진자와 못가진자, 지배자와 피지배자로 나뉘어 각기 다른 양태의 문화를 생산해 왔습니다. 다시말해 상부구조와 하부구조의 계층구조로 나뉘어 한쪽에서는 억압하고 또 다른 쪽에서는 질시하고 다른 한편에서는 숨죽여 살아왔습니다.

88서울 올림픽의 열기가 채 식기도 전에 5공비리가 폭로됐고 각종 청문회가 열려 국민의 관심을 집중시켰습니다. 전前 대통령 내외는 백담사로 들어갔고 국민들은 여론을 통일하지 못해 연일 입장의 대립을 보여왔습니다. 며칠 전에는 경찰들의 고문행위를 폭로하는 대회도 있었습니다. 또한 각종 집단이 자신들의 이해관계나 생존에 위협을 느끼고 연일 농성하는 모습도 여기 저기서 보였습니다.

왜 이처럼 우리사회가 따스한 인간애를 서로 나누고 국민화합의 차원에서 화기애애한 국가상을 건설하지는 못할까요.

우리는 여기에서 진정한 평등이 무엇인가를 깊이 생각해 보아야 하겠습니다. 인간의 성품은 각기 다르나 그 귀중함은 누구나 같습니다. 때문에 인간성 회복과 그것의 평등화를 이루는 작업은 무엇보다 시급하다 하겠습니다. 권력을 쥔자가 못가진자를 하대하지 않고 또 쥔것에 대한 특권의식을 버릴 때 우리는 보다 친밀해 질 수 있습니다. 서로가 다른 시각과 다른 감정과 다른 입장에 서 있다 하더라도 민족단위의 공통적 분모안에서 서로를 이해하게 된다면 너와 나는 결코 다른 인간이 아닙니다.

평등은 불이不二입니다. 또한 불이不二는 진정한 평등개념입니다. 지금까지 보여온 긴장과 갈등의 모습들을 불이不二안에서 용해할 수 있도록 노력을 경주해야 할 때입니다.

불이不二란 또 둘 사이에 대립이 없는 것을 의미합니다. 대립이 없는 사회가 곧 평등 · 불이不二의 세계이며 불국정토佛國淨土로 나아가는 길인 것입니다.

평등으로 해서 인간의 존엄성이 무시되지도 않고 인간의 존엄성으로 해서 평등이 저해받지 않습니다. 오히려 인간 존엄성의 특수성이 보장받을 때 평등 사회는 도래할 것입니다.

도현

1963년 범어사 덕명스님을 은사로 득도
제방선원에서 30년 선수행
태국에서 5년간 위파사나 수행
쌍계사 금당선원 선덕
지리산 연암토굴에서 수행중

이 순간이 소중합니다

존재하는 삶이 무엇인지 아십니까. 찻잔에 있는 차를 마시지 않고 가만히 보고만 있으면 소유하는 삶입니다. 이것을 마시면 존재하는 삶입니다. 실시간이 무엇인지 아십니까. 현재 진행형, 바로 지금입니다. 존재하는 삶은 바로 지금 이 순간을 제일 소중하게 생각하면서 산다는 것입니다. 우리는 과거에도 살지 않고 미래에도 살지 않습니다. 바로 이 자리에 살고 있는 것입니다.

임제 스님의 말씀 가운데 이런 구절이 있습니다. '즉시현금卽是現今 별무시절別無時節'이라, "바로 지금이다, 다시 때가 없다." 요즘 말로 하면 실시간입니다. 그 다음에 '수처작주隨處作主

입처개진立處皆眞', "어디에서나 실시간을 산다"는 말입니다. 내가 주인공이 되어서 실시간을 살면 가는 곳마다 극락이고 어디라도 참다운 세계라는 말입니다.

'법을 보는 자는 나를 본다'는 원시 경전의 말씀이 있습니다. 법을 보는 자는 나를 본다. 이 말에서 '나'가 누구인지 압니까. 나이기도 하고, 여러분들이기도 합니다. 그 다음에 부처님이기도 합니다. 그런데 법을 보고 나를 보기 위한 부수적인 조건들이 많이 있습니다. 마음을 허공같이 하고 물같이 하고 바람같이 하라. 그 말만 가지고 되는 것이 아닙니다. 그런 마음에 이르려고 한다면 여러 가지 조건이 필요합니다. 첫째는 삼보에 의지하고, 둘째 오계로서 마음의 규범을 세우고, 셋째 신행으로 마음의 중심을 잡는 것입니다. 그리고 칠보를 증식함으로써 깨달음을 성숙케 하는 밑거름으로 삼는다는 것입니다.

삼귀의는 "부처님을 의지처로 삼겠습니다. 가르침을 의지처로 삼겠습니다. 승가를 의지처로 삼겠습니다."라는 뜻입니다. 그리고 오계는 "다른 사람을 사랑하는 마음을 중심에 두겠습니다. 남을 도와주려는 마음을 중심에 둡니다. 부부 간에 애정으로 감싸는 마음을 중심에 둡니다. 매사에 진실한 마음을 중심에 둡니다. 일상에 늘 깨어있는 마음을 중심에 둡니다."라는 의미입니다.

오계라고 하면 살생하지 마라, 도둑질하지 마라, 사음하지 마라, 거짓말하지 마라, 술 마시지 마라 이것은 부정적이고 소극적인 표현입니다. 그래서 오계를 말할 때는 적극적이고 긍정적인 다섯가지 덕행을 이야기한 것입니다.

처음에 다른 사람을 사랑한다는 것은 사실 자기 자신을 사랑하라는 것입니다. 자기 자신에게 무한한 애정을 가지는 사람만이 다른 사람을 사랑할 수 있습니다. 자신의 부족하고 못나고 마음에 안 드는 부분까지 다 감싸 안아야 자기를 사랑할 수 있습니다. 하지만 계라는 것이 잘 지키면 왜 만들었겠습니까. 잘 지켜지지 않기 때문에 거기에 맞추려고 노력하는 것이 신행생활입니다. 오계에 중심을 두고 염불하는 사람은 염불, 기도하는 사람은 기도, 참선하는 사람은 참선, 경을 읽는 사람은 경을 읽으며 신행생활을 하는 것입니다. 신행 방법은 선택과목입니다. 자기 하는 것만 최고라고 하면 안 됩니다. 사람마다 근기가 다르기 때문입니다.

삼보에 의지해서 오계로서 마음에 규율을 세우고 신행으로서 마음의 중심을 잡습니다. 그 다음에 칠보를 증식함으로써 깨달음의 밑거름으로 삼아야 합니다. 우리가 부처님께 의지해서 오계를 생활 규범으로 세워서 신행생활을 한다는 것이 그렇게 녹록하지 않습니다.

〈무량수경〉에 보면, 극락세계가 일곱 가지 보배로 장식되어 있다고 했습니다. 보배라고 하면, 금, 은, 수정, 옥, 자거, 유리,

산호를 말합니다. 자거는 조개 중에서 제일 큰 조개입니다. 요즘은 무엇을 보배라고 합니까. 다이아몬드, 사파이어, 루비, 진주 등 여러 가지가 많을 겁니다. 세상의 그 많은 보배들을 한마디로 줄이면 돈이라고 할 수 있습니다. 돈에 해당되는 것이 물질적 재산이라면, 지금 제가 여러분들에게 주려는 재산은 정신적 재산입니다.

신, 계, 참, 괴, 문, 희, 혜 이렇게 일곱 가지 보배가 있습니다. 신信, 우리가 성불을 믿고 삼보를 믿는 것은 보배입니다. 믿음이 없는 사람은 이 풍진 세상에 방향계가 없어서 어디에 좌초될지 모르는 배와 같습니다. 그 다음은 중심을 세우고 규범을 세우는 계戒, 이것도 보배입니다. 그 다음은 참慙입니다. 참은 스스로 반성할 줄 아는 것입니다. 자신을 고쳐나갈 수 있기 때문입니다. 그 다음이 괴愧입니다. 남부끄러운 것을 솔직히 인정하는 사람은 다른 사람이 봐도 아름답습니다.

그 다음은 문聞입니다. 어른, 선생님, 교수님, 스님들이 하는 좋은 말을 다 합하면 법문입니다. 그 다음은 희喜, 베푸는 것은 눈에 안 보이는 불가시적인 통장입니다. 긍정적인 말도 다 베품의 하나입니다. 그 다음이 혜慧입니다. 지혜입니다. 불교에서 지혜를 말할 때는 판단력을 의미합니다. 우리가 이 세상을 살아가다 보면 여러 가지 일들이 많지요. 판단을 잘못해서 낭패 보는 일도 많지요. 그런데 아주 차분하게 선정에 들어서 정확한 판단을 한다면 후회할 일이 적어지죠. 후회할 일이 적어지면 심신에 얼마나 유익하고 이익된 것이 많습니까. 그것이 보배가 아니고 무엇이겠습니까. 신, 계, 참, 괴, 문, 희, 혜 이 보배를 두 마디로 줄이면 뭐라고 하지요? 인격입니다. 칠보를 갖춘 사람을 인격자라고 합니다.

그런데 이 법에 대한 것은 이야기만으로는 안 됩니다. 정신적으로 부수적인 조건들을 갖추어 가면서 거듭 사고하고 체험해야 됩니다. 부처님께서는 가장 먼저 사성제 법문을 하셨지요. '고집멸도' 에서 도는 바로 팔정도입니다. 우리 불자가 이 세상을 살아가는데 선이라는 이쪽 세계와 악이라는 저쪽 세계에 치우치지 않고 가는 것, 그것을 일상생활 속에서 구체적으로 이야기를 한 것이 팔정도입니다. 팔정도는 곧 부처님의 행입니다. 행이며 말이고 생각입니다. 부처님과 도인은 팔정도를 실천하는 사람이며 우리는 팔정도를 배워서 실천하려고 하는 사람이라는 차이가 있는 것입니다.

우리가 한 번 들었다고 해서 단박에 알아지는 것은 아닙니다. 법이 어느 날 아침에 알아질 수 없습니다. 자신이 부수적인 조건을 갖춰서 팔정도에 대해서 자꾸 생각해보고 생각해보면, 부수적인 조건과 법에 대해서 투철해질 때 부처님을 친견할 수 있는 것입니다.

그런 생활을 실천하기 위해서는 발상의 전환이 필요합니다.

특별한 삶을 살려면 부지런하고 남달라야 합니다. 이 세상살이의 어려움을 벗어나는 것은 보통 일이 아닙니다. 마치 길 안 든 송아지에게 고삐 씌우기 위해 잡아당기면서 시달리는 것과 같고 물이 아래로 내려가는데 줄을 잡고 거슬러 언덕에 올리려고 하는 것과 같다고 합니다. 그런 노력을 해야만이 특별한 사람이 될 수 있는 것입니다. 옛 사람들은 이러한 노력을 매화나무에 비유해서, 겨울의 시린 고비를 견디는 아픔이 없다면 어떻게 매화 향기가 봄에 코끝에 스치겠느냐고 했습니다.

세상 돌아가는 대로 움직여서는 마음의 중심을 얻을 수 없습니다. 남들처럼 사는 생활과 거리를 두고 자기 자신의 마음을 뚫어지게 주시해야 합니다. 바로 그것이 살아있는 기쁨을 즐기는 것임을 알아야 합니다. 남들에 의해서가 아니라 스스로 자기 자신을 다루어야 합니다. 사람이 살아가는 데 중요한 것은 남의 시선이 아니라 자기 마음속에 내재하는 중심입니다. 우리는 삼귀의, 오계를 마음의 중심에 삼아 신행하고 정신적 재산을 저축하며 순수한 삶을 사는 불자여야 합니다.

신행생활은 스스로 만드는 행복임을 명심하시고 현재 붙들고 있는 일을 정성껏 차근차근 수행하면서 순간순간 실시간의 기쁨을 누리고, 일상 속에서 그러한 순간순간을 날로 늘려가야 합니다. 어제와 다른 오늘을 만들고 조금 전보다 다른 지금을 만드세요. 우리가 절에 다니는 이유는 바로 이것입니다.

度吼

1949년 출생
1968년 설악산 성준스님을 은사로 득도
1986년 백담사 주지 · 신흥사 주지
1989년 조계종 총무원 규정부장
불교신문사 주간 · 불교방송 이사장
조계종 중앙종회 9 · 10대 의원
2006년 철원 삼원사 주지(현재)

상식의 진리

'신은 죽었다.' 라고 말한것은 독일의 철학자 니체 (1844-1900)였습니다. 이 말은 종교로부터 멀어져가는 20세기 서양의 운명을 예언한 매우 충격적인 발언입니다.

서양의 정신문화와 가치체계는 오직 하나님이라는 유일절대의 신神에 종속되어 있었습니다. 모든 가치에는 창조자이며 절대자인 하나님으로부터 출발해 그에게로 귀속되어졌습니다.

2천년 가까이 계속되어 온 이러한 가치체계는 18세기 이후 합리주의와 과학문명의 진보에 의해 그 허구성이 벗겨지고 말았습니다. 그리고 마침내는 서구문화의 근원이자 본질이기도

한 신神까지도 부정되기에 이르렀습니다. 니체의 철학적 명제 「신은 죽었다.」라는 발언은 그런 의미에서 낡은 시대의 종언과 새로운 시대의 출발을 예고하는 것이기도 합니다.

성급한 사람들은 서구의 이같은 정황을 동양의 종교, 특히 불교에 적용시켜 말하려 하기도 합니다. 동양의 지배적인 종교였던 불교가 민중의 가슴 속에서 생명력을 잃어가고 있다는 것입니다.

현상적인 모습만을 놓고 말한다면 이러한 견해는 타당한 것 같기도 합니다. 우리나라의 경우 확실히 불교는 정체성을 벗어나지 못하는 형편입니다. 서구종교의 폭발적 교세확장에 비교해 상대적으로 위축된 듯한 것도 사실입니다.

민중들은 불교를 통해 삶의 고통을 해결하고 구원久遠의 진리를 체득하려는 열망이 줄어든 대신 종교에 무관심하거나 다른 종교에 눈을 돌리는 경향이 뚜렷합니다.

그러나 이런 현상은 교단의 침체나 포교부진에 기인하는 문제일뿐 불교교의의 본질에 연유하는 것은 아닙니다.

오히려 전반적인 상황은 현대인에게 불교의 가르침이 더욱 절실히 요구되고 있음을 통감케 됩니다.

많은 지식인들이 자발적으로 불교의 가르침에 심취되고 현대의 위기를 구원 할 메시지로 인식하고 있음이 그 증거입니다.

불교가 많은 사람들에게 공감의 폭을 넓혀가는 것은 그 교의

가 합리적 이성적 바탕 위에 근거하고 있기 때문입니다. 불교가 제시하는 사제四諦나 십이연기十二緣起, 육바라밀의 가르침은 특별히 어렵거나 비이성적 신화神話의 흔적을 찾아볼 수 없습니다.

누구나 결단에 의해 실천이 가능하고, 그것을 통해 해탈에 이를 수 있다는 점에서 불교는 윤리적 실천 철학의 성격이 강한 종교입니다.

간단히 말해 불교는 인간이외의 어떤 절대자도 인정치 않습니다. 따라서 창조론은 부정되고 진화론의 입장에 있습니다.

진화론은 업에 의한 윤회론에 다름아닙니다. 인간고人間苦의 근원을 말함에 있어 원죄原罪와 같은 것은 없습니다.

불교에서 말하는 무명無明은 인간에게 내재한 원인입니다. 무명은 탐욕의 제거에 의해 극복할 수 있습니다.

세계와 인생의 모든 문제도 절대자의 의지가 아닌 인간의 창조적 결단에 의해 해결할 수 있습니다. 불교는 탐욕 제거를 위한 인간의 결단을 촉구합니다.

이것 이상의 신비함이나 초월적 의지는 인정되지 않습니다. 어떻게 보면 불교의 가르침은 당연한 상식에 속합니다. 상식의 회복은 진리의 회복입니다. 상식과 진리는 감춰져 있는 것이 아니라 현전現前해 있습니다.

문제는 인간이 상식을 벗어나려고 하는데 있습니다. 지금이라도 비상식을 버리고 상식으로 복귀하면 됩니다. 불교가 필요한 이유는 옳은 것을 옳게 보는 안목을 길러주기 위해서입니다.

"여래의 교법에는 제자에게 감출, 스승만이 갖는 비밀스런 오의奧義는 없다."

<유행경遊行經>

현전現前해 있는 상식의 진리는 오직 실천을 기다리고 있을 뿐입니다.

東峰 경기도 광주 우리절 주지

1953년 출생
1975년 해인사에서 고암스님을 은사로 득도
1979년 해인사 도서관장
부산 안양사 · 원각사 주지
우리절 창건 · 주지
아프리카 탄자니아 한국사찰 창건을 준비중

인생을 주인되게 하심

천백억의 화신 석가모니 부처님, 그 부처님이 역사적으로 이 땅에 오셨던 날이 며칠 앞으로 다가옵니다. 중생의 온갖 고뇌를 대신 다 걸머지시겠다고 아니 중생의 온갖 시름을 없애는 길을 일러주시고자 부처님은 이곳 사바세계에 오신 것입니다.

〈법화경〉에서는 부처님의 오심이 우연한 것이 아님을 설명하고 있습니다. 「부처님이 이 땅에 오신 그 이유는 중생들에게 내재해 있는 부처님의 지견知見을 스스로 열어보이시고 보고 듣는 이들로 하여금 깨달아 들어가게 함.」이라고 합니다.

본래로 밝은 자성自性의 광명을 지니고 있는 중생들 우리 모두는 참으로 가치 있는 불성보佛性寶를 하나씩 지니고 있습니다. 다만 찾아내지 못하고 있을 따름입니다. 부처님은 바로 그러한 중생들의 꽉막힌 가슴을 열도록 가르치시고 그 보물을 꺼내어 보이시고 중생 스스로 깨달아 점두하게 하시고 깨달음을 더욱 확고하게 하신 분입니다.

부처님의 지견知見이며 본래로 밝은 자성의 광명인 불성도 이것을 자아自我라고 바꾸어 말합니다. 이 자아의 발견을 위하여 부처님은 오셨습니다.

자아를 발견하기 위하여 역대의 선지식들은 온갖 고난을 무릅써가며 수행을 하였습니다. 동서 고금의 철인들과 사상가들이 이 자아를 발견하기 위해 일생을 바쳤습니다. 그러나 인류 역사상 석가모니부처님만큼 자아의 문제를 확고하게 밝히고 또 매듭지은 분은 없습니다. 따라서 불교만큼 이 자아의 문제를 깊이 파고든 종교도 없으며, 그처럼 깊은 학문은 찾아볼 수 없습니다.

불교를 제외한 어떠한 종교도, 어떠한 학문들도 궁극에 가서는 자아에 대한 문제를 오로지 신神에게로 돌리려 합니다. 아니 어떠한 학문이란 말은 어폐가 있습니다. 불교적인 사상에 젖어들지 않은 학문, 불교의 영향을 받지 않은 어떠한 학문도 어떠한 사상도, 사상가도, 궁극에 가서는 모든 문제를 신神에게 귀결시키고 있습니다. 자신의 인생도, 죽음의 문제도 신에 의해 태어났고 신에 의해서 죽어간다는 논리입니다. 어찌 보면 매우 편리한 논리입니다.

불교는 철저히 자아에 대한 문제로써 설명합니다. 자기가 있기에 부처님도, 신도, 우주도, 자연도 있는 것입니다. 자기自己는 곧 자심自心의 대명사입니다. 마음이 있으므로 갖가지 법이 생겨나고 마음이 사라지면 제법諸法도 사라진다고 하는 원리밑에서 전개됩니다.

〈금강경〉 제17분 구경무아분 끝부분에

"만약 보살이 무아법無我法을 통달하였다면, 여래는 이를 참된 보살이라 하리라."

고 했습니다. 아我에 대한 문제를 풀어가다 보면 아我 그 자체도 본래 없는 경지에 도달합니다. 그래서 삼법인三法印중에 제법무아諸法無我를 두어 불교교리를 삼대요소의 하나로 삼는 것입니다.

부처님이 처음 이땅에 오시면서 내린 위대한 선언을 우리는 상기해야 합니다.

「하늘 위거나 하늘 아래에서거나 오직 나만이 가장 존귀한 것이라」고 하셨습니다. 중생의 내면에 자리한 본연자아本然自我, 그보다 더욱 소중한 것은 아무데도 없습니다. 이 자아가 있기에 부처님도 신神도 있고 우주도 대자연도 온갖 제법諸法도 존재하는 것입니다.

부처님이 이땅에 오시면서 그러한 선언을 내리시자 난데 없는 꽃가루 · 꽃송이들이 온통 하늘을 아름답게 수놓았습니다. 그 누구도 아직까지 단정을 내리지 못했던, 자아의 위대함을 선포하신 부처님의 그 고고한 일성에 찬사를 보낸 것입니다.

우리는 가난한 자들이 아니고 부자입니다. 아주 값진 보물을 지니고 있습니다. 자아를 발견하는 것만이 우리가 할 일입니다. 부처님이 오시기 전에 아무도 몰랐던 스스로의 속에 내재한 보물들.

우리 함께 노래합시다. 빈부귀천을 떠나서 우리 이날 부처님 오신날 만큼이라도 사바를 울릴 심포니를 연주합시다.

東惺 마산 봉국사 주지

1955년 출생
1964년 통도사에서 고성스님을 은사로 득도
1978~84년 금릉 백운사 · 홍성 석련사 마산 봉국사 주지
1986~현재 경남 향토예비군 법사단장
동국대 승가 총동문회 기획실장
선(禪) 미술가

고정관념의 타파

붓다가야 보리수 아래서 위없는 깨달음을 성취하신 부처님은 현실세계에서 괴로워하는 중생들로 하여금 자유와 평화를 누리게 하고자 전도傳道의 노정에 서게 됩니다.

그러나 부처님은 오히려 법을 설하려 하지 않고 깊은 생각에 잠겼었다고 합니다.그 이유는 두가지로 밝혀지는데 첫째는 이 현실세계에서 괴로워하는 인간의 참모습을 보았을 때 그들이 바로 부처이므로 따로 설법이 필요치 않았음이고, 둘째는 부처님이 오랜 각고의 수행 끝에 깨달은 진리를 저 탐욕과 미망迷妄에 가리워진 인간들에게 설법한 들 과연 알아 들을 수 있을까

하는 의문 때문이었다고 합니다.

그러나 부처님은 범천(梵天)의 지극한 권청에 따라 마침내 큰 결단을 내리시고

"귀있는 자는 들어라. 낡은 믿음을 버리라."

이렇게 선언하시고 먼저 사람들이 알아들을 수 있는 구체적인 현상부터 자세히 설명하기 시작했습니다. 부처님은 먼저

"일체一切란 곧 십이처十二處이니 눈眼과 빛깔色, 귀耳와 소리聲, 코鼻와 냄새香, 혀舌와 맛味, 몸身과 부딪침觸, 뜻意과 법法, 이것을 일체라 하며, 만일 어떤 사람이 '이것은 일체가 아니다. 나는 이제 사문 고타마가 말하는 일체를 버리고 다른 일체를 세우겠다.' 고 말한다면 그것은 다만 말만 있을 뿐 알지도 못하며 그 의혹만 더할 것이다."

라고 밝혔습니다. 〈잡아함경〉

부처님은 사람들이 바로 이와같은 일체현상에 대하여 바른 이해와 바른인식을 갖도록 근기에 따라 방편으로 설법하여 더 높은 인간자체로 눈을 돌리게 함으로써 사람들이 스스로 자유와 평화를 완성해 가도록 부촉하였습니다.

요컨대 일체 현상은 모두 상대적인 관계로 이어가며 독립되어 존재할 수 없습니다. 그러므로 일체 현상 가운데는 실체實體가 있을 수 없는 것인데 인간들은 실체實體없는 허상虛相에 매달려 집착하는 것입니다.

이러한 악순환을 거듭하므로 인간들의 현실세계는 괴로움으로 가득한 것입니다.

부처님은 괴로움의 원인되는 집착에 대하여 집착하는 주관적인 내용이 바로 나我 그것이기 때문이라고 지적하면서 집착을 떠나 무아(無我)를 체험토록 가르쳤습니다.

나我라는 주관主觀 또는 고정관념固定觀念이라는 장애로 말미암아 파생되는 분별 망상과 상대차별은 얼마든지 있을 수 있습니다. 즉 이상과 현실이 다르고, 목적과 방법이 모순되고, 애愛와 증憎을 일으키는 일들입니다. 부처님이

"모든 사람들이 다 그대로 부처이다.
一切衆生, 皆證圓覺"

라고 하심은 이같은 일체세간의 상대차별을 넘어선 무차별의 평등지平等智가 있음을 증언한 것입니다. 즉 존재에 대한 고정관념으로부터 일체의 괴로움이 생기고, 상대를 넘어서는 평등한 그곳에 인간들의 자유와 평화가 구현된다는 것입니다

부처님은 자유와 평화의 의지를 신神이 아닌 인간에게서 찾도록 했으며 먼 천국天國이 아닌 가까운 현실에서 우리가 추구하는 모든 의미를 찾도록 가르쳤습니다.

인간 그들은 비록 유한한 것이라 해도 무한한 절대 가치를 소유하고 있으며, 현실이 아무리 고해苦海라 해도 끝없는 가능성을 포함한 능동체이기 때문입니다.

〈중아함경〉에서

"깨달음을 얻으려는 구도자는 부처님의 교설에 따라 정진 사유思惟하라."

고 이르셨습니다. 사유란 불교에서 말하는 선나禪那의 역어譯語로 어떤 환경이나 조건, 나아가 일체 현상의 본질에 대한 깊은 통찰과 이해를 말합니다.

존재의 본질을 바른 사유를 통해 무상무아無常無我한 것으로 파악하게 될 때 집착을 여의게 되고 진정한 자유와 평화가 실현될 것입니다.

明煽 여수 흥국사 주지

1936년 출생
1954년 나주 다보사에서 도천스님을 은사로 득도
제3·4·5·6·7·8·9대 중앙종회 의원
1975~80년 화엄사 주지
1978년 총무원 재무부장
1985~2006년 여수 흥국사 주지

참회와 용서

"어떤 사람이 다른 사람의 뉘우침을 받아주지 않는다면 그는 어리석은 사람이 될 것이다. 그는 마치 긴 밤동안 쓸데없는 괴로움을 당하게 된다." <잡아함경>

어떤 사람도 삶 그 자체가 완벽할 수는 없습니다. 끊임없이 실수를 합니다. 자의건 타의건, 의식적이건 무의식적이건 남에게 피해를 주고 받으면서 사는 것이 인생입니다.

욕망과 아집에 의해 실수를 저지를 수도있고 그렇게 하면 안 된다는 것을 알면서도 자제하지 못하고 일을 그르치는 경우도 많습니다.

그러나 이렇게 일을 저질러 놓고 참회하지 않는다면 정말로 큰일입니다. 자기의 잘못을 모르는 사람은 나중에 더 큰 잘못을 저지르게 되기 때문입니다. 그래서 부처님은 죄를 짓더라도 알고 지어야 죄가 적다고 말씀하십니다. 잘못됨을 알아야 참회하고 그 행동을 중단 할 수 있습니다. 불교에서는 참회법을 중요시하는 것은 이런 이유에서 입니다.

그런데 우리가 저지른 잘못으로 인해 피해자가 생길 때는 복잡해집니다. 피해자는 원망심을 갖게 되기 때문입니다. 이러한 마음은 마침내 공격적인 복수극을 유발합니다. 받은 만큼 댓가를 지불하는 것입니다. 그러면 상대는 다시 증오와 복수심에 불탑니다. 이같은 증오와 복수의 반복은 서로를 원수로 만들어 끊임없는 윤회의 요인이 됩니다.

원한과 복수의 관계는 빨리 풀수록 좋습니다. 증오는 자신과 남을 망치지만 참회와 용서는 자신과 남을 살립니다. 디오게네스가 '용서가 복수보다 낫다' 고 말한 것이나 세네카가 '용서를 받으려면 용서하라' 고 말한 것은 새겨들을 만한 금언金言입니다.

물론 남을 용서하기란 말처럼 쉽지않습니다. 우선 피해의식이 해소되지 않습니다. 하지만 이런 피해의식에 앞서 자신이 가해자의 입장에 선다면 상대를 이해하고 용서하는 관용을 베풀 수 있습니다. 사실 이 세상에서 타인에 대해 가해자加害者가 아닌 사람은 아무도 없습니다.

참회하는 중생에게 복수의 돌을 던지는 것은 가해자보다 더 옹졸한 사람입니다. 만약 내가 남을 용서하지 않는다면 남도 나를 용서하지 않을 것입니다. 이렇게 생각하면 이 세상에 용서 못할 일이 없습니다.

불도佛道를 닦는 사람은 모름지기 죄를 지었으면 참회해야하고 남의 허물을 용서해 주어야 합니다. 이것이 보살도菩薩道를 배우는 사람의 태도입니다.

부처님은 이 세상 어떤 중생도 용서하지 않은 중생이 없습니다. 극악무도한 살인마 앙굴마라까지 용서하는 것은 그가 부처님과 같은 불성佛性이 있음을 보기 때문입니다.

악인이란 원래 씨가 따로 있는 것이 아니라 망상으로 인해 일으킨 허물일 뿐입니다. 그것만 밀어내면 누구도 맑고 밝은 불성佛性의 존재임을 아신 부처님은 일체중생을 자비로 품어 싸안으셨습니다.

우리는 지금 참으로 서로를 위하는 마음이 적은 사회에 살고 있습니다. 먼저 참회하고 용서하기 보다는 상대방이 먼저 고개를 숙이라고만 요구합니다. 아량이 없습니다. 이래서는 안됩니다. 어느쪽이든 먼저 참회하고 용서하는 쪽이 승자이고 매듭을 푸는 열쇠를 갖는 것입니다.

부처님은 다시 이렇게 말씀하십니다.

"성내지 말라. 누가 네게 성내어도 성냄으로 갚지 말라"

<잡아함경>

또 부처님은

"누가와서 그대의 팔을 자르더라도 원망하지 말라. 치료를 해주어도 반가운 마음을 내지말라."

고도 말씀하셨습니다. 이것은 복수심과 증오심으로 써는 화해가 될 수 없음을 간파한 가르침입니다.

화해를 외치면서 용서와 참회를 실천하는 사람이 적은 현실에서 새겨들어야 할 가르침입니다.

무여 봉화 축서사 선원장

행복으로 가는 길

행복으로 가는 길 중에서 가장 좋은 길은 참선입니다.

우리가 흔히 쓰는 용어 중에서 행복이란 말을 많이 씁니다. 사실 말만 들어도 설레는 말이 행복입니다. '행복은 인생에서 궁극적 목표이고 이상이다' 고 이야기할 수도 있습니다. 행복의 뜻이 무엇입니까? 다행스럽고 복이 많다는 뜻이 되고, 심신의 욕구가 충족이 되어 부족함이 없는 만족감을 느끼는 것을 행복하다고 이야기합니다.

행복은 밖에서 찾아선 안됩니다. 작은 행복은 밖에서 느낄 수는 있지만, 진정한 행복, 참으로 지극한 행복은 우리의 내면에서만 느낄 수 있습니다.

본래는 누구나 다 부처님의 자질을 갖추고 태어났다고 합니다. 그래서 '본래는 부처다. 본바탕은 부처님과 똑같다' 고 말씀하셨습니다. 그것을 달리 말하면 '본래는 누구나 다 행복할 수 있는 자질을 가지고 태어났다' 는 뜻입니다. 그런데 왜 누구나 행복할 수 없을까요? 바로 번뇌망상 때문입니다.

어떤 선사가 깨치고 나서 사흘이나 춤을 추셨다고 합니다. 얼마나 좋으면 사흘이나 춤을 췄겠습니까. 깨침의 분상은 사흘이나 춤을 출 정도로 그렇게 만족감, 행복감을 느낄 수 있는 것입니다. 그것이 깨침의 경계입니다.

몽중일여의 상태. 꿈속에서도 조금도 변하지 않는 상태를 말합니다. 거기서 느낄 수 있는 것이 최상의 행복감입니다. 그런 행복으로 가는 최상의 길이 화두참선입니다. 화두가 된다는 것은 진짜 의정이 일어나는 것을 말합니다. 진짜 의정이 일어나면 집중이 됩니다. 일체 망상이 다 사라지고 고요해 집니다. 고요하다는 것은 안정이 된다는 것이고, 몸은 편하고 집중이 되면 마음이 아주 맑아집니다. 맑으면 몸이 가벼워지고 즐거움을 느끼게 됩니다. 그것을 다른 말로 희열이라고도 합니다.

그런 행복을 느낄 정도가 되면 온 몸에서 기운이 일어납니다. 흔히 고목에서 꽃이 피는 것에 비유하기도 합니다. 온몸에서 봄기운이 일어나듯이 새 기운이 일어납니다. 그것이 바로 수행의 공덕입니다.

아무리 외형적으로 갖춰도 내면적으로 닦지 않으면 행복과 거리가 멉니다. 여러분들이 세속에서 느끼는 행복과 절에서 수행에서 느끼는 행복을 자세하게 비교해 보시기 바랍니다.

그런 행복으로 가는 길이 두 길이 있습니다. 첫째 마음을 쉬는 것이고, 둘째는 마음을 집중하는 것입니다. 진정한 행복을 느끼려면 마음을 쉬던지, 마음을 집중하던지 둘 중에 하나는 해야됩니다. 그래야 진정한 행복을 느낄 수 있습니다.

아무리 지식이 많아도 마음을 닦지 않으면 안됩니다. 지식은 찻잔이 여기까지 오는 과정을 해설해 놓은 것에 지나지 않습니다. 차맛은 맛을 봐야 알 수 있습니다. 그렇듯이 진정한 행복은 본인이 실참실구해서 또는 마음을 비워서 느껴야 됩니다. 책을 읽어서 적은 행복은 느낄 수 있지만 큰 행복, 진정한 행복은 비우고 집중하는 화두참선에서만 얻을 수 있습니다.

세속에서는 이런 저런 어려움이 많습니다. 그런 어려움도 수행하듯이 늘 반성하고 발전적인 삶을 살면 진정한 행복도 느낄 수 있습니다.

無盡藏 전 조계종 제2 · 4대 포교원장

1933년 출생
범어사에서 동산스님을 은사로 득도
조계사 한주
동국대 초대 교법사
현 동산불교대학 학장

1

바위처럼 살다보면

내 죽으면 한개의 바위가 되리라.
아예 애련에 물들지 않고
희로에 움직이지 않고
비와 바람에 깍이는 대로
억년 비정의 함묵에
안으로 안으로만 채찍질하여
드디어 생명도 망각하고,
흐르는 구름 먼 원뢰
꿈꾸어도 노래하지 않고

두쪽으로 깨뜨려져도
소리하지 않는 바위가 되리라.

청마靑馬의 시詩 「바위」의 전문全文입니다.

새해를 맞으며 다시 이 시詩를 외워보는 것은 안으로 안으로만 정열을 불태우며 어떤 고통과 외로움도 이겨내는 바위의 미덕美德이 생각나서입니다.

세계에 자랑할 위대한 예술품의 하나인 석굴암 대불大佛앞에 서면 우리는 참으로 경건해집니다. 부처님의 원만한 상호相好와 그것을 빚어낸 석공石工의 뛰어난 솜씨, 그리고 신라사람들의 깊은 불심佛心이 우리의 옷깃을 여미게 하기 때문입니다.

그러나 나를 더욱 경건케 하는 것은 겉으로 드러난 완벽한 조형미보다 차라리 부처님을 이루고있는 바위 그 자체입니다. 오랜 세월을 찬바람과 눈보라, 밤의 어두움을 참고 견딘 바위는 마침내 뛰어난 석공을 만나 거룩한 부처님으로 환생한 것에서 더없는 교훈이 느껴지는 것입니다.

사람들은 곧 잘 어떤 일을 시작해 놓고 빨리 그것이 이루어지지 않는 데 대해 쉽게 실망하곤 합니다. 그러나 인류의 역사를 돌이켜 보면 위대한 모든 것은 결코 하루 아침에 이루어진 것이 없습니다. 부처님의 깨달음도 「어느날 갑자기」 이루어진 것이 아닙니다. 6년의 세월을 감당하기 어려운 난행고행難行苦

行을 참고 견딘 끝에 얻어낸 결실입니다.

가을의 결실을 얻기 위해서는 한여름의 뙤약볕 아래서 김매는 고통을 견디며 기다려야 합니다. 마음만 급하게 먹는다고 빨리 열매가 여물지 않습니다. 결실을 얻고자 하면 참을 수 밖에 없습니다.

「606호」라는 의약품을 발명해 낸 독일의 에를리히와 베르트하임의 얘기도 우리에게 감동을 줍니다. 그들은 이 의약품을 만들기 위해 무려 605번이나 실험에서 실패했습니다. 그러나 그들은 좌절하지 않고 실험을 거듭한 끝에 1910년 드디어 성공했습니다. 「606호」란 그들이 6백6번째만에 성공한데서 붙여진 이름입니다.

실패는 누구에게나 쓰디쓴 맛이며. 사람은 모두가 이 쓴맛을 싫어합니다. 하지만 그것을 극복하지 않을 때 누구도 성공한 사람이 없습니다.

새해 아침, 우리는 모두 밝은 한 해를 설계합니다. 우리의 꿈은 온통 원대하고 아름답고 희망적인 것들로 채색돼 있습니다. 아무도 실패와 좌절을 예견하는 사람은 없습니다. 그렇지만 어떤 일도 고통 없이 성취되어지는 일이 없음을 미리 알아야 합니다. 또 일에는 반드시 역경과 고난이 닥쳐온다는 것도 기억해 두어야 합니다.

역경과 고난 앞에 우리는 어떤 모습으로 서야 하겠습니까.

바위와 같은 묵묵함으로 끝까지 인내하고 용기를 잃지 말아야 합니다. 자신에게 주어진 환경이 좋지 못하다고 해서 절망할 필요는 없습니다. 재료가 훌륭하다고해서 반드시 성공적인 작품이 나오는 것이 아니기 때문입니다.

어떤 사람은 진흙을 가지고 훌륭한 도자기를 만들어 내지만 금을 가지고도 제대로 활용하지 못하는 사람도 있습니다. 중요한 것은 일에 대해 얼마나 진지한 자세로 임하느냐 하는데 있습니다.

최선을 다하는 것은 아름다운 일입니다. 비록 실패가 거듭된다 하더라도 좌절하지 않고 거듭 도전하는 용기와 끝까지 충실한 자세야말로 인생을 성공으로 이끄는 비결입니다.

부처님의 제자 가운데 「판타카」라는 사람이 있었습니다. 그는 매우 어리석어서 상당기간을 부처님 제자로 있으면서도 법문 한구절 제대로 외우지 못했습니다.

그래서 사람들은 그를 「바보 판타카」라고 놀려 댔습니다. 어느날 판타카는 더이상 불문佛門에 있어봐야 소용이 없겠다는 생각이 들어 환속을 결심했습니다. 마침 외출에서 돌아오던 부처님은 판타카가 떠나려 하는 것을 알고 그를 불러세워 특별한 가르침을 베풀었습니다. 다른일은 하지 말고 외출에서 돌아오는 비구들의 발을 닦아 주라는 것이었습니다. 부처님은 또한 비구들에게는 그 댓가로 판타카를 위해 「쓸고 닦아라」하는 법문을 해주도록 했습니다.

판타카는 부처님의 가르침대로 정직하고 성실하게 그 일을 묵묵히 했습니다. 물론 때로는 창피하고 싫은 마음, 부끄럽고 자신의 어리석음에 대한 분노가 치밀어 올랐지만 그것을 참으며 열심히 수행했습니다. 그런 어느날 판타카는 문득 깨달음을 얻게 되었습니다. 번뇌를 쓸고 죄업을 닦으면 본래의 진여자성眞如自性이 환하게 빛나게 됨을 알게 되었던 것입니다.

판타카는 부처님께 달려가 이 사실을 고했습니다. 부처님도 매우 기뻐하면서 판타카가 좌절하지 않고 끝까지 인내한데 대한 칭찬을 아끼지 않았습니다.

〈근본설일체유부비나야根本說一切有部毘奈耶〉 제31에 나오는 이 얘기는 인생에 있어서 성공이란 오래 참는데서 이루어 짐을 보여 주고 있습니다. 다른 일도 마찬가지입니다. 많이 참는 사람이 크게 이기는 사람입니다. 바위처럼 묵묵히 기다리며 조급해하지 않는 사람이 끝내 성공하게 됨을 잊어서는 안됩니다.

육바라밀의 덕목 가운데 세번째가 인욕바라밀입니다. 오래 참아야 한다는 뜻입니다. 인내는 곧 고통인데 왜 참아야 하겠습니까. 이유는 명백합니다. 성공하기 위해서입니다.

새로 시작되는 한해, 올해는 또 얼마나 많은 어려움과 신고辛苦가 있을까요. 그러나 걱정할 필요가 없습니다. 인내하며 기다리면 틀림없이 빛나는 성취가 있을 것입니다.

2

화합하는 마음

어느 때, 교화 중의 석존에게 그 고장의 격식과 가문이 높은 바라문이 찾아 왔습니다. 바라문이란 인도의 사성四姓중 최고의 승려 계급으로 주로 힌두교 성전의 학습 · 교수나 다양한 제사를 치루는 것을 직책으로 하는 학자입니다. 그는 석존을 만나 학문상의 논의를 교환하려고 방문하였습니다.

그 때의 바라문의 차림이란 굉장한 것이었습니다. 화려하게 장식된 흰 마차를 타고 수 많은 제자들을 거느렸을 뿐 아니라 황금자루 양산을 들었고, 거기다 물이 든 금물병을 손에 들고 있었습니다. 경전에서는 '매우 화려하고 웅장한 광경이었다'

고 말하고 있습니다.

그러나 때마침 공교롭게도 석존께서는 설법중이어서 그 고장의 명사인 바라문의 방문을 알지 못해 별로 격식을 차린 인사도 하시지 않았습니다. 그래서 학자 선생께서는 심중에 매우 불쾌하게 생각하고 있었습니다. '나 같은 대 바라문이 이렇게 위의를 갖추고 방문했는데 인사도 없고 상대도 하지 않는다는 것은 괘씸한 일이다' 하고 즉시 발길을 돌려 되돌아 가려고 하였습니다.

그때 마침 석존께서는 설법을 마치고 바라문의 뒷모습을 향해 큰 소리로 부르자 바라문은 다시 석존에게로 돌아 왔습니다. 그리고 두 사람은 학문상의 토론을 하기 시작했습니다.

이윽고 기고만장하던 바라문은 석존의 가르침에 고개를 숙이고 조용히 귀를 기울이다가 갑자기 자세를 고치고 옷깃을 여미고 정색을 하며 예배를 하려고 하였습니다.

그때 석존께서는 이렇게 말씀하셨습니다.

"그만 두라, 그만 두라. 예를 갖추는 것이 반드시 필요치 않음이라. 마음이 청정하면 이미 족하다"

〈잡아함경〉 4에 나오는 구절입니다.

바라문은 어느 쪽이 먼저 절을 해야 하는가 라든가, 대수롭지 않게 넘겨도 될 일에도 일일이 모가 나게 격식을 차리려고 하는 명성 · 문벌 등을 구애하는 사람이었습니다.

우리 주변에도 그런 사람은 많이 있습니다. 자기 쪽에서 압박을 가하여 상대방과의 사이에 차가운 간격을 만듭니다. 별것 아닌 태도나 말에도 트집을 잡아 토라집니다. 편지 한 장 안보낸다느니 고맙다는 인사도 하지 않는다느니 하고 화를 냅니다. 그와 같은 격식에 구애하는 사람이 있습니다.

그러나 사람과 사람의 교제에는 그와 같은 의례儀禮와 함께 교묘한 말 따위는 필요로 하지 않는 마음과 마음의 융화가 있어야 합니다. 부모형제 간에 까다로운 말씨가 필요치 않는 것은 서로 융화하고 있기 때문입니다. 여기 여러가지로 미사 어구를 써서 설명하면 할수록 나빠지는 인간관계도 있습니다. 그것이 참된 관계입니다.

첫째, 설명의 말이 많은 것은 말하자면 융합하지 않았다는 증거입니다. 융합하지 않기에 이런 말, 저런 말이 필요한 것입니다.

대립의 세계는 '모가 난 이지理智'에 의한 것입니다. 서로 믿고 있는 사람에게 논의는 필요없습니다. 머리의 싸움이나 지식은 응수 · 권리 · 의무의 주장 따위 냉정한 곳에는 대립을 풀 길은 열리지 않습니다. 대립의 성城에서 알몸으로 뛰어 나와야만 눈물의 해결이 있습니다. 형식과 서열을 내팽개치고 알몸으로 부딪쳐야만 사람과 사람의 마음은 맺어집니다. 그 기분을 석존은 '그만 두라, 그만 둬, 예를 작함이 반드시 필요치 않다' 고 간결하게 말씀한 것입니다.

'마음이 청정하면 이미 족하다' 라는 말은 서로 맑고 깨끗한, 불순함과 의심이 없는 마음을 가지면 응어리가 풀린다는 것입니다.

비판도 에누리도 없고, 위 아래도 없는 가슴에 뭉클하게 와 닿는 것이 있으면 됩니다. 불교에서는 '스스로 그 마음을 깨끗하게 하는 것, 그것이 부처님의 가르침이다' 라는 말을 예로부터 거듭하고 있습니다.

인도의 고대어로는 물이 맑다는 것을 「믿는다信」고 말합니다. 원망 · 싸움 · 불화 · 증오 · 갈등이 없는 청정한 마음, 그것이 바로 믿음입니다. 믿음은 자기와 타인과의 울타리를 없애고 자타일여自他一如, 상하일여上下一如에로 발전합니다. 말없이 눈과 눈, 마음과 마음이 통하는 그것이 일여一如입니다.

부처님께서 '그만둬라, 그만둬라' 의 말씀은 실은 그와 같은 종교적 심경을 나타내고 있습니다.

여러분께서도 그것을 깨달았는지 어떤지는 모르겠습니다. 오늘날에는 현대인은 효능만 내세우고 있습니다. 마음이 통하게 사는 존귀함을 잊고 있기 때문입니다. 그러나 인간의 행복이란 천만어千萬語를 능가하는 침묵의 눈물을 갖는 자기 육성에 있습니다. 상대방에게 바라기전에 우선 자기에게 '그만두라' 는 말을 해야 합니다.

白山 삼천포시 모충사 주지

1935년 출생
1968년 해인사에서 도현스님을 은사로 득도
1972년 삼천포시 모충사 주지
1984년 WFB 한국본부 이사
1987년 경남 향토사 연구의원
1992년 법무부 교화협의회 불교회 이사
주간 삼천포 발행인(현)

정치 하는 법

민주화는 이 시점에서 우리가 안고 있는 과제들 가운데서 가장 중요한 과제입니다. 이것은 우리 국민들의 한결같은 소망이고 그 강도는 날이 갈수록 더해지고 있습니다.

우리가 지향하는 선진조국은 경제적으로도 부강한 나라를 만들어야 하겠다는 것이지만 정치적으로도 민주화된 나라를 만들어야 하겠다는 뜻이 담겨 있습니다. 선진조국의 구성요건 가운데 정치적 민주화가 빠진다면 진정한 선진조국의 실현은 이루어졌다고 볼 수 없습니다.

이같은 열망에 따라 국민의 권리를 수임받은 여야의 정치인들은 나름대로 구상을 가지고 민주화를 추진하고 있습니다. 그러나 똑같은 「민주화」라는 목표를 놓고 여와 야는 생각의 차이가 매우 심한 모양입니다. 여당이 내각책임제를 주장하다가 갑자기 개헌을 유보하겠다고 방향을 선회하자 야당은 「영구집권의 음모」라고 비난합니다.

반면에 야당이 주장하는 대통령직선제로의 개헌은 「정치혼란과 국력소모를 가져오는 발상」이라는 것이 여당의 입장입니다. 이쪽 말을 들으면 이쪽이 옳은 것 같고 저쪽 말을 들으면 저쪽이 옳은 것같은 평범한 사람으로는 판단이 잘 서지 않는 공방전이 계속되고 있습니다.

이런 소모적인 공방을 보면서 국민들은 양쪽 모두가 말로는 국민을 위하고 국가발전을 위한다면서 속으로는 엉뚱한 생각들을 하고 있지 않나 하는 의구심을 버리지 못하고 있습니다. 정녕 양쪽 모두가 말처럼 민주화民主化를 위한다면 그토록 팽팽한 의견대립이 계속될 리가 없기 때문입니다.

민주정치란 타협과 대화를 통해 조금씩 양보하고 절충하는 그래서 최선의 방법을 찾아내는 정치라고 한다면 오늘날 우리의 정치풍토는 민주정치의 최소한의 기초조차 마련하지 못하고 있다는 비난을 받아도 할 말은 없을 것입니다.

대화의 기초는 먼저 남의 말에 귀를 기울일줄 아는 태도입니다. 비록 상대방의 의견이 내 생각에 맞지 않더라도 그렇게 주장하는데는 그럴만한 이유가 있을 것이라는 점을 인정해야 합니다. 무조건 내주장으로만 따라오라고 한다면 그것은 철권독재鐵拳獨裁 아니면 폭력혁명을 초래할 뿐입니다. 국민여망을 외면한채 편리한대로 민의民意를 해석하는 것을 민주정치라고 한다면 그것은 강아지도 하품할 일입니다.

상대방의 이야기를 듣는 귀를 가져야 합니다. 그러자면 먼저 「이것이 아니면 안된다」는 극단주의를 버려야 합니다. 극단은 파멸을 부를 뿐, 조금도 상황을 진전시키지 못합니다.

부처님의 제자가운데 「소나」라는 비구가 있었습니다. 그는 한시라도 빨리 진리를 깨닫기 위해 밤잠을 자지 않고 수도를 하다가 마침내 큰 병이 들었습니다.

그는 비관하여 차라리 수도를 포기하려 했습니다. 이를 아신 부처님이 소나에게 찾아왔습니다.

"소나여, 너는 거문고를 잘 뜯었다고 들었는데 줄이 팽팽하거나 느슨하면 소리가 잘 나던가?"

"아닙니다. 너무 팽팽하면 끊어지고 느슨하면 소리가 잘 나지 않습니다."

"소나여, 수도도 마찬가지니라. 급히 서둘면 초조와 불안으로 좌절하게 되고 안일하면 게으름에 빠져 온갖 잡념이 일어나 폐인이 되느니라. 거문고의 줄처럼 적당히 조여야 하느니라."

〈잡아함경〉 9권에 있는 말씀입니다.

정치도 마찬가지입니다. 극단으로 가면 판이 깨지고 맙니다. 철권독재나 폭력혁명으로 가지 않으려면 양쪽의 의견을 적당히 조절하려는 대화의 노력이 있어야 합니다. 「내가 아니면 안 된다.」는 생각을 버리고 진실로 방법을 찾을 때 민주화된 선진 조국은 창조될 것입니다.

白雲 부산 미륵암 주지

범어사에서 동산스님을 은사로 득도
범어사 화엄사 불교강원 강사

부처님과 말장수

부처님이 수 많은 제자를 거느리고 행각하시다가 날씨는 덥고 목이 말라서 어느 숲에서 잠시 쉬게 되었습니다.

이때 맞은편에서 수백마리의 말떼를 거느린 말장수가 오다가 그도 더웠던지 부처님 가까이에서 쉬어가기로 했습니다.

말떼를 쉬게한 다음 땀을 닦던 말장수는 길 건너 편 숲에 부처님이 쉬고 계신 것을 발견하고 부처님께 다가와서 인사를 드렸습니다. 부처님은 미소를 지으시며 자애 어린 눈으로 말장수를 대해 주셨습니다. 이 때 말장수는 문득 생각난 것이 있어서 부처님께 이렇게 여쭈었습니다.

"부처님, 제가 한가지 궁금한게 있습니다."
"그게 뭔가? 말해보게나."
"부처님은 사람을 잘 다루신다지요?"
"그래, 나는 사람을 잘 다룬다네."
"어떤 식으로 다루십니까?"

부처님은 대답 대신 그에게 되물었습니다.

"그런데 듣자니 자네는 말을 다룬다면서?"
"네, 그렇습니다."
"그럼 네 경우를 먼저 듣고 싶구나. 자네는 어떤 식으로 말을 다루는가."
"처음에는 잘 타이릅니다."
"타일러서 안듣는 말은?"
"서슴없이 죽여버립니다."

말장수의 대답을 듣고 고개를 끄덕이는 부처님에게 이번에는 다시 말장수가 여쭈었습니다.

"부처님께서 사람 다루시는 법은요?"
"나도 처음에는 달래네."

"달래서 안들으면요?"
"마구 때리네."
"때려도 안들으면요?"
"죽여버리지."

자기의 대답과 같은 대답을 하자 말장수는 놀랐습니다.

"저는 무식한 사람이라 말 안듣는 말을 혹 때리기도 하고 죽이기도 합니다만 부처님께서는 삼계대사(三界大師)이시고 사생자부(四生慈父)이신데 어찌 중생을 때리거나 죽이시겠습니까?"

말장수는 부처님이 사람을 때리거나 죽였다는 말을 들은 적이 없으므로 당연히 의심이 났던 것입니다.

"내가 때리는 매는 자비의 음성이고 내가 죽인다는 것은 그 중생을 제도할 마음을 거두고 상관 않는다는 것이다."

부처님이 중생을 제도하는 방편으로 혹자혹위(或慈或威)라 하여 때로는 자비를 베풀고 때로는 위엄을 보이십니다.

이 자비와 위엄이 곧 회초리이며 부처님이 제도하실 마음을 거두시면 그 중생은 영원히 구제 받지 못합니다.

부처님께서 구제받지 못한 중생은 곧 죽은 목숨과 같습니다.

부처님의 자상하신 설명을 들은 말장수는 이윽고 크게 뉘우친 바가 있었습니다.

자기의 명에 따르지 않으면 구타하거나 죽여버리는 습성을 참회하고 선량한 말장수가 되었음은 물론입니다. 요즘의 우리들도 배워둘만한 교훈이 아닌가 싶습니다. 각기 다른 개성을 지닌 뭇사람들을 대하다 보면 내 의사에 반하는 사람을 곧잘 만나게 됩니다. 끝까지 자비심을 갖고 설득할 일이지 그를 배척해서는 안됩니다. 온누리 중생이 모두 불자佛子라는 생각을 갖고 저들을 버리거나 미워해서는 안됩니다.

〈화엄경〉의 말씀처럼, 이 우주법계는 바로 비로자나 부처님의 진신체眞身體이고 우리네 일체중생은 비로자나 부처님의 분신分身이라는 확고한 신념을 갖고 모든 사람을 섭수攝受하는 것이 바로 부처님의 뜻이 아닐까 합니다.

梵河 영축산 통도사 박물관장

1947년 출생
통도사에서 출가 득도
1977~80년 통도사 재무국장
1984년 총무원 총무국장
1987~2006년 통도사 성보박물관 관장(현)
한국 박물관협회 이사 · 불교텔레비전 이사
사단법인 성보문화재 연구원 원장(현)

부모가 할 일

우리나라 교육은 해방이후 70년대 고도성장과 산업화를 거치면서 전인全人교육보다는 단순한 기능인 · 지식인을 만들어 내는데만 주력해 왔습니다. '어떻게 하면 출세하고 돈 잘 버는 사람을 만드는가' 가 부모들의 교육방침이었으며 학교는 그 기술을 전수하는 곳으로 전락했습니다.

이러한 교육풍토는 돈과 권력을 얻기 위해서라면 윤리나 도덕은 팽개쳐도 좋다는 생각을 사회에 더욱 팽배시켰습니다. 남보다 뒤지는 것은 곧 인생 그 자체의 패배요, 그래서 어떻게 하든 먼저 남을 쓰러뜨리고 밟고 올라서야 한다는 것이 우리시대의 보편적 가치관이 되고 말았습니다.

이제 이 사회에서는 아무도 비윤리적인 삶, 비도덕적인 삶을 나무랄 사람이 없게 되었습니다.

말로는 '이러면 안된다. 위험수위에 이르렀다.' 고 하면서도 실제로는 누구도 그것을 개선하려 나서지 않습니다. 남들이 다 출세 제일주의로 살아가는데 나만 뒤쳐질 수 없다는 것이 그 이유입니다.

이렇게 끝없는 경쟁, 빗나간 인생관으로 살다보니 세상은 각종 비극들이 끊임없이 일어나고 있습니다.

오늘날 빈발하고 있는 각종 범죄의 뿌리는 근원적으로 빗나간 윤리관, 잘못된 가치관, 그릇된 교육관에 있다고해도 과언이 아닙니다.

그러나 이 문제는 결코 누구에게 책임을 전가할 일이 아닙니다. 자녀의 교육에 1차적인 책임이 있는 모든 부모들은 왜 이 같은 일이 생기게 되는지에 대한 아픈 반성이 있어야 합니다.

부모가 자식을 바르게 가르치는 일은 무엇보다 중요한 첫번째 의무입니다. 부모는 자녀들에게 어렸을 때 부터 올바른 인생의 가치를 심어주어야 합니다.

특히 불자佛子의 부모는 부처님의 가르침을 통해 자녀들에게 인간의 삶 가운데 절대적인 가치와 일시적인 가치가 무엇인가를 깨우쳐 주어야 합니다.

또한 참다운 행복을 물질의 풍부함에 있지 않고 진리적 삶을 살아 가는데 있음을 가르쳐 주어야 합니다. 자녀들이 부처님의 가르침 속에서 올바른 삶을 살 수 있도록 도와주는 것이야말로 불자佛子된 부모가 가져야 할 생활태도입니다.

부처님은 세속적 부귀와 권세와 사치를 영원한 가치라고 하지 않았습니다.

물질적 풍요는 아무리 많이 가져도 유한有限한 것이며 채워지지 않는 것입니다. 권세라는 것 또한 영원히 집착 할 만한 가치는 아닙니다. 그러면 어떤 것이 가장 으뜸가는 가치일까요?

"선남자야 모든 행위 가운데 진리를 향한 삶이 가장 훌륭하나니 이른바 부처님 말씀대로 수행하는 것이며, 중생을 두루 이롭게 하는 것이며, 중생을 섭수하는 것이며, 선근善根을 부지런히 닦는 것이며, 보살도를 닦고 보리심을 여의지 않는 것이니라."

〈화엄경 보현행원품〉에 있는 말씀입니다.

부처님께서는 오늘과 같은 출세주의를 최고의 가치로 인정하지 않았습니다. 반대로 보다 윤리적이고 희생적이며 남을 이롭게 하는 생활이 가장 아름답고 수승한 것이라고 가르칩니다.

부처님의 이같은 가르침은 어떻게 보면 적자생존適者生存의 현실을 외면하는 것 같은 생각이 들기도 합니다.

하지만 더 크게 생각하면 남을 이롭게하고 희생하는 생활태도야 말로 모두가 함께 잘 살수 있는 공동선共同善의 길입니다. 결코 우승열패優勝劣敗에 의해 강한 자만 살아남는 세상이라면 그것은 이미 사람의 삶이 아니라 금수禽獸의 삶이며 그것은 행복이 아니라 불행이기 때문입니다.

불자부모佛子父母는 자기 자녀에게 부처님의 가르침을 바르게 가르쳐 주는 일에 게으리지 말아야 하겠습니다.

法達

1943년 출생
1960년 월정사에서 월산스님을 은사로 득도
1980년 총무원 규정부장
1981년 불국사 선원장
1986년 불교신문사 사장, 법보신문사장
석굴암 주지 · 문경대승사 주지
현재 보경사 주지

미신과 정법

불교신도를 자처하는 사람 중에는 인간의 운명이 관상사주觀相四柱에 매여 있다고 믿거나 점을 쳐서 미래의 행 · 불행幸 · 不幸을 알려는 사람이 있습니다. 또 불교를 잘 모르는 어떤 사람들은 스님을 마치 운명감정가로 생각하기도 하고, 예불이나 불공佛供을 무당의 굿거리와 흡사한 것이라고 믿는 사람도 있습니다.

일부 스님들도 방편方便임을 내세워 점보는 것을 적당히 합리화하는 경우가 있습니다.

결론부터 말하면 이러한 행위는 부처님이 가장 경계했던 것이며 따라서 어떤 이유로든 용납해서는 안된다는 것입니다. 만약 불교를 그렇게 믿는 사람이 있다면 그것은 부처님의 근본 가르침에 위배되는 것이라는 점을 빨리 깨달아야 합니다. 불교는 미신적인 종교의례를 부정하고 명철한 이성적理性的기반 위에서 출발한 종교이기 때문입니다.

점을 치고 굿을 한다고 자신이나 가족의 운명이 바뀔 수 있다고 생각하는 것은 어리석음입니다.

만약 그것이 가능하다면 점치는 사람이나 굿하는 사람 모두가 어떤 소원도 이루어야 할텐데 그런 기적은 한 번도 일어난 적이 없습니다.

오히려 남의 운명을 점치던 사람이 화장실에서 고혈압으로 죽었고 쪽집개로 소문난 어느 무당은 교통사고로 허리를 다쳤습니다. 자기 앞의 운명도 못가리면서 남의 운명을 예언한다는 것은 모두가 거짓말입니다.

"점장이는 오직 자신만이 세상을 꿰뚫어 아는 듯이 남의 길흉을 말한다. 그들은 사람들의 마음을 동요케 하고 남을 속이는 방법으로 자신의 이익을 구한다. 그러므로 너희들은 사람들을 미혹하게 하여 진실에 등을 돌리게 해서는 안된다."

〈잡장경〉에서 지적한 부처님의 말씀은 미신 좋아하는 사람들이 새겨들어야 할 충고입니다.

운명이라는 것, 또는 인간의 길흉화복을 주재하는 절대자라는 것은 존재하지 않습니다. 때문에 아무리 굿을 하고 점을 쳐도 공부하지 않는 학생은 입시에 낙방하고 부주의한 사람은 교통사고를 당하기 마련입니다.

모든 행복과 불행은 스스로 짓는 업業에 의해 결정될뿐 절대적 타자打者의 자비나 분노에 의한 것이 아닙니다. 이것이 불교의 인과응보因果應報의 가르침입니다.

그렇다면 우리가 어떤 자세로 인생을 살아야 하는 가는 명백합니다. 스스로가 자기 삶의 주인이 되어 어떤 어려움도 극복해가는 창조적인 자세로 오늘을 살아야 하는 것입니다.

「좋은 날」은 기다림으로 얻어지는 것이 아니라 내 손으로 만들어 가겠다는 자세로 살아 갈때 우리는 보다 건강하고 행복된 삶을 살수 있습니다.

그럼에도 불구하고 우리의 현실적 삶은 성실성을 잃고 있습니다. 기초도 다지지 않고 3층부터 지으려는 어리석음, 일한 만큼의 댓가 보다는 그 이상의 것을 바라는 탐욕, 나만 잘되면 남이야 어떻게해도 상관없다는 이기주의로 살아갑니다. 그러다가 그것이 뜻대로 안되면 점을 친다거나, 굿을 한다거나 이름을 바꾼다거나 하는 것으로 인과因果의 정리定理에서 벗어나고자 합니다.

스스로 자기가 살아온 삶을 반성하고 새로운 삶으로의 전환을 다짐하지 않는 한 인간은 결코 「행복한 삶」을 성취할 수 없습니다.

부처님은 〈사자침경〉에서 이렇게 말씀하셨습니다.

"곡식을 뿌려 그것을 먹이로 하듯 중생이 스스로 선악을 뿌려 선악의 과보를 거두는 것이다. 근심걱정은 자기가 씨앗을 뿌려 거두는 것이지 하늘이 주는 것도 아니며 누가 시키는 것도 아니다."

행복을 원하는 사람이라면 누구나 새겨두어야 할 말씀입니다.

法燈 종회 의장

1948년 출생
1961년 직지사에서 녹원스님을 은사로 득도
1981년 능인학원 상무이사
1984년 조계사 주지
1990년 불교텔레비전 이사
2006년 조계종 제12대 종회 의장
도리사 주지

용기를 잃지 않는 인생

「님의 침묵」 시인 한용운 스님은

"용기있고 슬기로운 사람 앞에는 역경 따위가 있지 않다."

고 되풀이해 강조한 적이 있습니다. 의지와 신념이 굳건하다면 역경이니 비극이니 하는 따위의 말은 한갓 잠꼬대에 불과하다는 깨우침입니다.

우리는 가끔 역경앞에 좌절하고 고통앞에서 절망하는 수가 많습니다. 그러나 신념에 따라 돌진하다 보면 언젠가 눈부신 햇살의 평원 그 한복판에 설 수 있습니다.

작은 일에 실망하여 모든 꿈을 함부로 장사 지내는 따위의 어리석음을 경계해야 합니다.

어려운 일을 당하여도 앞으로 밀고 나가는 것을 우리는 용기라고 합니다. 용기는 무모한 만용과는 전혀 다르며 사리를 옳게 판단해 반드시 이루어내고, 이루어낼 수 있다는 자기확신이 용기입니다.

남에게 등떠밀려 나가는 것은 용기가 아닙니다. 외부의 어떤 힘이나 규제에 의해 어쩔 수 없이 나서야 하는 것은 오래가지 못할 뿐더러 오히려 잘못 될 염려도 있습니다.

때문에 불자佛子는 어떤 경우에도 자기확신에 따라 행동해야 합니다.

자기확신을 갖기 위해서는 무엇보다 먼저 내부에 도사리고 있는 번뇌와 갈등을 이겨내야 합니다.

용기의 조건은 극기克己에 있습니다. 다시말해 먼저 자기를 이겨야 한다는 것입니다. 그래서 부처님도〈법구경〉에서 이렇게 말씀하셨습니다.

"천군만마를 통솔하는 사람보다도 진실로 자기자신을 이긴 자를 여래는 칭찬한다."

자기자신과의 싸움에서 이기려면 먼저 고통과 역경과 시련 속에 오히려 기적같은 희망이 숨겨져 있는 까닭입니다.

"인간이 역경에 놓여있다는 것은 찬양받을 만한 일"이라고 말한 세네카의 지적은 옳습니다.

비상한 정신력을 불러일으키는 것은 역경에 처해 있을 때 가능합니다. 그렇다면 역경이야말로 차라리 미덕이라 하지 않을 수 없습니다.

우리는 세상을 살아가는 동안 수많은 좌절을 경험합니다. 사업에 실패하기도 하고 시험에 낙방하기도 하고 사랑의 맹세가 깨어져 실연失戀의 아픔도 겪기도 합니다. 그러므로 아무도 이런 실패를 경험하지 않고 사는 사람은 없습니다.

가장 성공적인 인생을 살았다고 하는 부처님에게도 좌절은 있었습니다. 뼈를 깎는 고행정진을 하면서도 깨달음을 얻지 못했을 때 부처님은 차라리 그것을 포기하려 했다고 경전은 쓰고 있습니다. 전심 전력을 다한 일이 성취되지 않았을 때 느낀 패배감이 얼마나 컷으면 금강과 같았던 굳은 결심을 허물어 버릴려고까지 했겠습니까.

그렇지만 부처님은 오히려 역경을 심호흡하며 쉬지 않고 맞서서 헤쳐나갔습니다. 반드시 이루고야 말겠다는 굳은 신념이 극복의 능력을 불러일으켰습니다. 그리하여 부처님은 광명 가득한 깨달음의 평원에 나설수 있었습니다.

이 세상에서 최고의 인생을 살만한 특권을 가진 사람은 이같은 용기를 소유한 사람입니다. 그렇지 못하면 그만큼의 인생밖에 살수 없습니다.

심각한 좌절에 빠질 때 사람들은 쉽게 「죽고 쉽다」고 말합니다. 그러나 그런 말은 아예 입에 담지 말아야 합니다. 이 세상의 고통이 아무리 절망의 절정에 이르렀다해도 그것은 잠시 뿐입니다.

어떤 불행도 살아있어야 극복할 수 있고, 어떤 행복도 살아있지 않으면 맛볼수 없습니다.

자기자신을 이기는 사람은 천하가 다 그의 것입니다. 가슴 가득히 세상을 감싸 안을 넉넉함과 무슨 일이든 해낼 수 있다는 용기를 가지고 오늘도 당당하게 대문을 나섭시다.

法輪

1953년 출생
1969년 분황사에서 도문스님을 은사로 득도
1978년 영남불교교육원 설립
1985년 조계종 중앙불교 교육원 원장
1988년 정토포교원 원장, 월간정토 발행인, 정토회 지도법사(현재)

기도하는 마음

사람은 누구나 다 원하는게 있습니다. '이건 이렇게 되었으면 좋겠다.', '저건 저렇게 되었으면 좋겠다.', '이사람은 이렇게 되었으면 좋겠다.', '저사람은 저렇게 되었으면 좋겠다.' 등 늘 바라는게 많습니다.

버스 타러 가서는 버스가 바로 왔으면 좋겠고, 타고 나면 앉을 자리가 있기를 바라며 시간 맞춰 좀 빨리 갔으면 좋겠다 등 늘 바라는게 있습니다.

우리는 이렇게 대부분 바라는 것에 따라 움직입니다. 이것을 '욕구' 라고 하기도 하고, '욕망' 이라고도 부릅니다.

바라는 것이 이뤄지면 기분이 좋고, 이뤄지지 않으면 기분이 나쁘죠. 그런데 안될 때가 더 많습니다. 그래서 인생은 즐거움보다 괴로움이 더 많습니다.

원하는 것이 안 될 때가 더 많은 건 왜일까요? 예를 들어 차를 타고 가면 길이 막히지 않기를 바랍니다. 길이 막히지 않으면 좋겠다는 생각은 막히는 시간에 일어납니다.

한산한 새벽 시간에 나오면서 길이 안 막혔으면 좋겠다고 생각하지는 않지요. 주말이나 출퇴근 시간에, 갑자기 어디에 갈 일이 있을 때, '오늘도 길이 막혀 늦겠다. 길만 탁 뚫리면 늦지 않게 갈 텐데.' 이렇게 바람이 일어 납니다.

공부 잘하는 아이를 두고 우리아이가 공부를 잘했으면 좋겠다고 생각하지 않습니다. 공부 못하는 아이를 보며서 잘했으면 좋겠다는 생각이 일어나지요. 결국 하나하나 따져보면 바라는 것은 안 되는 경우가 대다수입니다. 그래서 우리는 기분이 상쾌하기보단 언짢을 때가 많습니다.

우리가 바라는 것이 이뤄지는 경우는 드뭅니다. 따라서 바람이 크면 괴로움도 크고, 바람의 강도가 약하면 괴로움도 적습니다. 그러므로 괴로움은, 원하는 것이 이루어지지 않았기 때문이라기보다는 바라는 마음 때문에 생긴 것이지요.

길이 막히면 버스가 늦기도 하고 기사가 좀 빨리 가면 일찍 도착하기도 하는 것입니다.

내가 그생각을 하던 안하던 일어나는 일인데, 그걸 가지고 빨리 갔으면, 빨리 왔으면 하고 생각을 일으키고 기대를 합니다. 우연히 맞아떨어지면 내가 원하는 대로 됐다고 기뻐하지만, 그건 내가 원했기 때문에 된 것이 아닙니다. '아, 빨리 왔으면 좋겠다.' 이런 생각을 하지 않아도 버스는 때가 오면 오는 겁니다.

원하는 바가 사람마다 다르고, 또 상황 따라 달라지지요. 금방 비가 왔으면 좋겠다고 했다가. 또 금방 맑았으면 좋겠다고 했다가 사람 마음이 죽 끓듯 한다고 하잖아요.

그러나 해탈의 길은 일어나는 마음을 따라 집착하지 말고 마음이 일어나는 것을 보고 다만 '이런 마음이 일어나는 구나' 하는 겁니다.

나무를 심으면서, 물은 주어야 되겠고 물주기는 싫어서 비가 왔으면 좋겠다는 생각이 일어납니다. 그 순간 '이런 마음이 일어나는구나' 이렇게 그냥 볼 뿐입니다.

한 생각 일어난 것에 집착하면, 즉 비가 내려야 한다고 생각하니까 비가 안 오면 괴로워집니다. 그저 '이런 생각이 일어나는구나' 하고 내버려두라는 것이지요. 그런데 우리는 자꾸 그것을 붙들고 집착합니다. 그래서 인생이 괴로워집니다.

기도할 때 '이거 해 주세요, 저거 해 주세요.' 하는 것은 욕구를 따라가는 것이지요. 그것은 괴로움에서 벗어나는 길이 아닙니다. 해탈의 길이 아닙니다.

잡고 있다가도 기도할 때는 탁 놔버려야 그게 기도입니다. 그런데 평소엔 가만히 있다가도 기도할 때 도로 잡지요. 그런 것은 올바른 수행이 아닙니다.

다만 자신의 의지를 굳건히 하기 위해서, 다짐을 굳히는 공부를 할 때는 바람을 분명히 하고 신념을 굳건히 하기 위해 원하는 것은 내세울 수는 있습니다. 그러나 그것은 괴로움에서 벗어나는 해탈의 수행법은 아닙니다.

法城 삼각산 문수암 주지

조계종 재무부장
중앙상임 포교사

염불이 곧 사는 길

정토종에서는 '정토왕생은 염불에 의해서만 가능하다' 고 말하고 있습니다. 또한 '비록 백년 동안 악행을 했어도 임종할 때 한 번만이라도 부처님을 생각하면 그 사람은 반드시 천상세계에 태어난다.' 고 하였고, '아미타불 일염一念에 80억겁의 생사중죄가 멸한다.' 라고도 합니다.

〈정토십의론淨土拾疑論〉에는

"아미타불의 광명이 온 법계의 염불하는 중생에게 두루 비치어 거두어 들이고 버리지 않는다."

하였고, 〈지도론〉에도

"아미타불을 뵈옵고 무생법인無生法忍을 증득하고는 삼계에 돌아와서 괴로운 중생을 제도하며 불사佛事를 널리 행한다."
하였습니다. 혜원법사는
"부처님이 정수리를 만져 주심을 세번이나 받았다"
고 했으며, 천여天如 화상은
"끊어지는 마음이 생기면 부처님을 뵈옵지 못 할 것이요, 부처님을 뵈옵지 못하면 부처님과 인연이 없으니 정토淨土에 왕생하기 어렵다."
고 하셨습니다.

어느 도인은 '성인들은 혜안이 밝아서 극락세계를 분명히 보았고, 범부들은 자기의 눈이 어두워서 보지 못하고 도리어 성인의 말씀을 의심하는 것이니 맹인이 태양의 광명을 보지 못함과 무엇이 다르랴' 고 했습니다.

이치에는 자성미타가 있고, 실지로는 아미타불이 극락세계에 계셔서 중생을 교화하신다고 하셨습니다.

이상에서 볼 수 있듯이 육도의 윤회세계 밖에 적멸의 정토세계가 있음을 의심할 여지가 없고, 불보살님 역시 적멸의 상으로 계신다는 것을 우리는 확실히 알아야 합니다. 이렇듯 물질과 정신의 본체인 자성광명이 극락세계와 불보살의 해탈신을 부사의不思議하게 장엄하고 있는 것입니다.

거듭 밝히고져 하는 것은 극락정토도 분명히 실재하며 불보살님 역시 형상없는 형상으로 유위有爲를 뛰어난 빛도 형태도 벗어난 적멸상으로 계신다는 것입니다. 그러기 때문에 소위 불보살의 가피가 있을 수 있고, 비로소 여러 법요의식의 근거가 될 수 있는 것입니다.

우리는 세상에서 날 때부터 몸이 불구이거나 살다가 불행히도 불구가 되고, 불치의 중병으로 신음하는 많은 불쌍한 사람을 지나쳐 보아 오지만, 생각을 잠시 쉬어 살펴 볼 때 어찌 우리라고 해서 과거세나 미래세에 이런 불행한 팔자에 끼어들지 말라는 보장이 없고 보면 이제라도 발심하여 지난 잘못을 참회하고 열심히 수행정진해야 할 일입니다.

중생은 스스로 악을 지어 재난을 부르고, 삼독은 일체의 악의 근본이 되는 것이니, 다만 일념으로 염불하여 후회되는 일을 반성하고 삼독의 때를 씻어가야 할 것입니다.

부처님께서는 〈열반경〉에서 말씀하셨습니다.

"비구들아, 나는 너희들에게 이르리라. 모든 것은 변화하므로 계戒로써 스승을 삼고, 부지런히 정진하도록 하라."

육조스님께서는 "십악심十惡心을 끊지 않으면 어찌 부처님이 우리를 기쁘게 영접하리오."

하셨으니 먼저 계를 지켜 오근五根을 제어하고 거룩한 불보살님의 명호를 일념으로 불러 온갖 집착과 미혹을 여의도록 해야 할 것입니다.

한 마음으로 염불 공부를 하다보면 결국은 본래면목本來面目, 본지풍광本地風光에 접하게 될 것이고 염불삼매에 들어 불보살님을 친견하게 될 것입니다.

우리가 알고 모르는 사이에 지었던 모든 신·구·의 삼업은 오직 부처님의 가피력에 의해서만 소멸될 수 있습니다. 그러므로 염불이 아니고는 근기가 약한 중생은 살 길이 없습니다.

그러므로 경전에 기록된 불보살님과 조사들의 가르침을 믿고 의지해야 합니다.

法雲

1942년 출생
1958년 해인사에서 도원스님을 은사로 득도
1973년 경북 옥련사 주지
1978년~90년 육군군법사 중령
1993년~99년 의성 정수사 · 영주포교당 주지
경북 의성 수정사 주지(현)

부처님의 이웃사랑

부처님이 우리에게 베푼 지혜와 자비의 가르침은 언제 새겨들어도 가슴을 절절하게 합니다. 가난하고 힘없는 사람에 대한 부처님의 자비는 따뜻하고 자애로운 것이었습니다.

부처님은 일체중생을 차별없이 섭수했습니다. 신분이 높은 사람이라고 특별히 우대하거나 낮은 사람이라고 외면하는 법이 없었습니다. 그분의 자비는 마치 봄날의 햇볕과 같아 일체중생을 차별없이 비추었습니다.

〈현우경賢愚經〉 니제도연품尼提度緣品에는 다음과 같은 얘기가 있습니다.

어느날 부처님은 아난다와 함께 사밧티舍衛城의 거리를 걷다가 똥푸는 사람除糞人을 만났습니다. 그는 가난하고 미천한 신분으로 이름은 니다이尼提라고 했습니다.

분뇨를 가득 채우고 길을 가던 니다이는 부처님을 만나자 송구스러워 얼른 길을 비켰습니다. 그러나 잘못하여 똥통을 쏟고 말았습니다. 그 때문에 더러운 오물이 튀어 부처님의 성신聖身을 더럽히고 말았습니다. 니다이는 어쩔줄 몰라 질퍽한 오물위에 앉아 훌쩍거리고 울었습니다. 그때 부처님은 니다이에게 다가가 이렇게 말씀했습니다.

"니다이야 너도 출가함이 어떤가?"

"부처님, 놀랍습니다. 어찌 저같은 천한 신분의 사람이 출가할수 있겠습니까. 부처님께서는 임금님의 아들이셨으며 많은 제자들도 훌륭한 신분이 아닙니까?"

"그렇지 않다, 니다이여 나의 가르침은 맑은 물과 같아서 온갖 더러움을 씻어 낸다. 또한 커다란 불길이 모든 것을 태우듯 일체 중생의 탐욕과 성냄과 어리석음을 태워버린다."

부처님은 울고 있는 똥꾼의 손을 잡고 강가에 나가 같이 목욕을 해 오물을 씻었습니다. 니다이는 이렇게 부처님의 제자가 되었습니다.

같은 얘기는 〈전타라아경栴陀羅兒經〉에도 나옵니다. 전타라는 범어 간다라(Candra)를 옮긴 말로 사성계급 가운데 최하층에 속하는 불가촉천민不可觸賤民을 말합니다. 그들은 상위上位 카스트에 속하는 사람의 몸에 손을 댈 수 없으며 쳐다보면 눈알을 빼는 불쌍한 사람들이었습니다. 그런 신분의 사람을 부처님은 태연하게 손잡고 함께 목욕까지 하였습니다. 그리고 자신의 제자로 삼았습니다.

오늘날과 같이 계급적 신분질서를 인정하지 않는 사회에서도 거지가 부자의 손을 잡고 함께 목욕하는 일은 거의 없습니다.

하물며 엄격한 카스트가 제도화되었던 사회에서 부처님의 이같은 행동은 놀라운 일이 아닐 수 없습니다. 그래서 부처님은 한 때 「인도의 파괴자」로 불린 적이 있습니다.

그러나 불평등하고 낡은 신분질서를 파괴했다는 것은 부처님의 자비가 얼마나 크고 넓은가를 말하는 것이지 결코 비난의 표적일 수는 없습니다.

부처님은 이처럼 모든 사람을 차별없이 사랑했습니다. 이같이 사랑할 수밖에 없는 이유는 일체중생이 모두 불성佛性을 갖춘 미래의 부처님이기 때문입니다. 불교 신자를 불자佛子라고 하는 이유도 여기에 있습니다.

그런데 오늘의 우리는 어떻습니까. 부처님의 가르침을 배운다면서 가난한 이웃, 병든 이웃을 외면하는 사람이 많습니다. 무식하다고 무시하고 잘났다고 으시댑니다.

그러나 따지고보면 돈 많고 권세 높고 유식하다고 해도 별것 아닙니다. 겉모양이 아무리 번드르해도 마음속에 교만과 미움과 탐욕이 가득하다면 그는 훌륭한 사람이 아닙니다. 가난하고 못생겼어도 겸손과 우애友愛와 사랑이 넘친다면 그가 부처님과 더 가까운 사람이고 존경 받을 만한 사람입니다.

사람을 차별하고 무시하면 안됩니다. 그것이 부처님께서 이 세상에 오셔서 우리에게 일러준 가르침입니다.

法長

1941년~2005년
1960년 수덕사 원담스님을 은사로 득도
1998년 원광대 명예철학박사
1982년 조계종 사회부장 · 재무부장
1987년 동국대 재단감사
수덕사 · 서광사 주지
1994년 생명나눔실천회 이사장
2004년 조계종 총무원장

바르게 살자

세상 모든 사람들은 저마다 가슴속에 큰 소원을 품고 살아갑니다. 소원들은 대체로 지난날보다 무엇인가 달라지고 향상되었으면 하는 것들입니다. 이를테면 돈을 더 많이 벌겠다든가 건강해지고 싶다든가 공부를 하면 성적이 쑥쑥 올라가기를 바란다든가 하는것 등이지요.

어제보다 더 향상하고 발전해야겠다는 것은 모든 사람들이 갖는 공통된 소망입니다. 「잘살고 싶다.」「잘 되고 싶다.」는 것은 어제보다 오늘에, 오늘보다 내일에 더 기대를 거는 소박한 욕망이기도 합니다.

그러나 이제 부터는 불자佛子가 소원해야 하는 것은 단순히 잘사는 것이어서는 안됩니다. 바르게 살고 옳게 살기를 소원해야 하며 참되게 살고 아름답게 살고 의롭게 사는 것이야말로 무엇보다 중요합니다.

오늘날 우리가 잘살아야 겠다는 것은 대개 경제적으로 여유가 있고 물질적으로 풍요한 것을 뜻합니다.

그래서 사람들은 너나없이 경제적 · 물질적 풍요를 위해 전심전력을 다합니다. 돈을 벌기 위해서는 우리들은 무슨 짓이든 다 하려고 합니다. 남을 짓밟고 속이며 경우에 따라서는 빼앗고 훔치는 일도 사양하지 않는 경우를 우리는 흔히 보고 듣습니다.

젊은 여성은 육체적 순결을 팔고 어떤 사업가는 양심도 팔아버립니다. 그렇게 하지 않고는 물질의 시대에서 잘 살수 없다고 믿고 있습니다.

절박한 현실을 생각하면 이같은 삶의 태도를 무조건 비난만 할 일이 아닌지 모릅니다. 누구는 하루저녁에 수백만원을 술값으로 날리고 길거리에는 가난한 사람의 전세값이나 한채의 집값보다 더 비싼 고급승용차가 굴러다니는 현실에서 양심을 들먹이고 옳게 살아야 한다고 말하는 것은 철부지 이상주의자의 주장같이 들리기도 합니다.

그러나 우리는 이러한 사회현상을 다시한번 생각해야 합니다. 무엇이 잘사는 것이고 어떻게 사는 것이 잘사는 것인가를 다시 한 번 깊이 생각해야 하겠습니다.

부처님은 일찌기 잘사는 것이 중요한 것이 아니라 옳게 사는 것이 중요하다고 가르쳤습니다. 소크라테스의 말처럼 사는 것이 중요한 것이 아니라 어떻게 사느냐가 더욱 중요하다고 가르쳤습니다. 〈팔성도분경八聖道分經〉에서 부처님은 이렇게 말씀하셨습니다.

"바른 소견正見 · 바른 뜻正思 · 바른 말正語 · 바른 행동正業 · 바른 생활正命 · 바른 노력正精進 · 바른생각正念 · 바른 선정正定의 생활을 하라. 이것이 거룩하고 옳은 여덟가지 삶의 길이니라"

이른바 팔정도八正道라 불리우는 이 가르침은 바르게 살고 옳게 사는 길을 거듭해 강조하고 있습니다. 부처님은 잘 살기 위해 옳지 않은 방법의 삶을 부정하였습니다.

잘 살기 위해 아무렇게나 행동하고 말하고 생각하면 오히려 잘살아질 수 없기 때문입니다.

따라서 우리는 물질적 · 경제적 풍요를 추구하는 것과 동시에 정신적 · 도덕적 풍요를 추구할 필요가 있습니다.

잘살려는 의지 못지않게 바르게 살려는 의지가 중요하다는 얘기입니다.

바르게 살아야 잘 살수 있습니다. 잘 살려면 먼저 바르게 살아야 합니다. 바르게 사는 사람이 잘 사는 사회가 불교의 이상이고 불자佛子의 삶입니다.

우리는 잘 살기를 소원하기에 앞서 바르게 살기를 다짐해야 합니다. 바르게 살지 않으면 아무리 잘 살아도 죄업만 두터워질 뿐입니다. 정치정의政治正義·경제정의·사회정의가 실현되지 않는 세상은 혼란과 투쟁만이 판을 치게 됩니다.

그 동안 우리가 어떻게 살아왔는가는 이제 그렇게 중요하지 않습니다. 앞으로 살아 갈 새로운 3백65일을 어떻게 살 것인가가 문제입니다. 짧은 인생 우리모두 바르게 살아봅시다.

法眞 서울 正法寺 주지

1952년 출생
1970년 범어사에서 석산스님을 은사로 득도
1983년 조계종 사회국장
1985년 서울 정법사 주지(현)
1987년 영등포 구치소 종교위원
1989년 월곡 청소년센터 관장
1993년 선학원 상무이사(현)

공동운명체의 자각

최근 우리는 15세의 가난한 한 어린소년이 열악한 근로환경에서 일하다 중금속에 중독되어 죽어가는 것을 보았습니다. 더더욱 통탄을 금치 못하는 일은 당국과 기업에서 산재보험처리를 해주지 않아 의료혜택도 제대로 받지 못하고 영문을 모른 채 죽어가야 한 것입니다.

또한 가족들의 생계를 위하여 이역만리 낯선 땅에서 피땀흘리며 일하던 많은 근로자들이 기업의 허술한 안전관리와 무리한 작업강행으로 인해 열사의 벌판에서 고혼이 되어가는 것을 보았습니다.

대재벌의 기업에서 노사분규를 막는다는 구실로 파렴치한 납치행각을 벌이는 것도 볼 수가 있었습니다.

그동안 우리는 현대산업사회의 노사관계에서 파생되는 많은 문제들을 수없이 목격해 왔습니다.

이와같은 문제들은 현대산업사회의 구조와 기능이 예전보다 복잡 다양해짐에 따라 생명의 경시, 고용주와 근로자간의 대화의 단절, 극단적인 물질주의의 팽배, 소외의식, 인간성 부재로 인해 발생되는 현대산업사회의 노사관계의 한 단면입니다.

이러한 노사분규나 산업재해의 근본적인 원인은 당국이나 고용주가 근로자와의 상호관계를 인간적인 관계가 아니라 물질적인 관계로서 바라보는 시각과 의식구조에서 비롯되는 것입니다.

부처님께서는 고용주와 근로자의 노사관계를 인간적인 상호의무의 관계로 말씀하셨습니다.

원시경전인 〈선생경善生經〉, 〈육방예경六方禮經〉, 〈선생자경善生子經〉에 의하면 '대개 고용주는 근로자에게 첫째, 그 능력에 따라서 일을 할당 한다. 둘째, 먹을 것과 급료를 지급한다. 셋째, 병이 났을 때는 치료하여 주어야 한다. 넷째, 근로자의 사유재산을 탐내지 않는다. 다섯째, 때때로 교육을 시켜야 한다. 여섯째, 적당한 때에 따라 임시, 상시의 휴가를 부여해야 한다' 등의 의무를 말씀 하셨습니다.

2천6백여년전에 말씀한 부처님의 가르침이지만 현대산업사회의 기업이나 고용주에게 적용시켜도 전혀 어긋남이 없습니다.

부처님께서는

"기업과 고용주는 근로자에게 존경과 애정을 가지고 봉사하여야 한다."

고 말씀하셨습니다.

즉, 기업과 고용주가 근로자 위에 군림하면서 근로자를 먹여 살린다는 종적인 관계가 아닌, 근로자를 위해 기업과 고용주가 봉사해야 한다는 횡적인 관계로써 기업을 이끌어 나갈 것을 강조하고 있습니다.

그러나 산업현장에서의 평화로운 관계유지는 어느 일방만의 양보로 이루어지는 것은 아닙니다.

기업주가 근로자에게 책임져야 할 의무가 있는 것처럼 또한 기업주에 대한 책임이 있습니다. 그것은 회사의 발전과 생산성을 높여야 한다는 의무입니다.

또 회사의 재무구조는 생각하지 않고 무리한 요구를 하는 것도 옳은 태도는 아닙니다. 대화와 양보 그리고 상호신뢰가 무엇보다 우선돼야 합니다.

지금 우리사회는 하루 빨리 개혁되고 시정되어야 할 문제들이 산적해 있습니다. 그 중 노사관계에서 파생되는 분규와 산업재해, 직업병등은 당국이나 고용주의 일률적인 어떤 제도나 공권력에 의해서 해결될 수 있는 문제들이 아닙니다.

이러한 문제들은 노사관계의 주체인 고용주와 근로자가 서로를 위하고 아끼는 적극적인 선의에 의해서만 해결이 가능한 것입니다.

기업주나 근로자는 모두 한 배를 탄 공동운명체입니다. 결코 쥐잡으려고 장독깨는 어리석음을 범해서는 안될 것입니다.

法哲

1948년 출생
고창 선운사에서 운기스님을 은사로 득도
1978년 불교신문사 편집국장
1985년 불교신문사 주필
1988년 제9 · 10대 중앙종회 의원
1990년 전남 강진 민주협의회 공동의장
강진 무위사 주지

참다운 아내의 길

인도의 향지국香持國 왕자로써 출가한 달마대사가 중국에 건너가 불심이 돈독한 양무제梁武帝와 첫 대면을 하게 되었습니다.

"대사, 짐은 정성을 다해 조불조탑造佛造塔을 하고 있습니다. 저의 공덕이 얼마나 되겠습니까?"

"황제의 공덕은 없습니다."

양무제의 공덕이 왜 없었겠습니까. 그러나 달마대사는 보시의 참 의미와 본래면목本來面目을 찾는 공부를 일깨워 주기위해 그렇게 대답했을 것입니다.

"보살은 상相에 집착함이 없도록 보시해야 한다. 왜냐하면 집착없이 보시할 때 그 복덕은 헤아릴 수 없기 때문이다."

〈반야경〉에 있는 말씀입니다.

부처님의 이같은 가르침에 따라 조불조탑造佛造塔을 하는 공덕이야말로 천하에 비길 바가 없을 것입니다.

부처님이 계실때부터 오늘에 이르기까지 조불조탑의 공덕을 논한다면 누가 뭐라해도 여성의 불심佛心이 큰 영향을 미쳤습니다.

인도의 아쇼카왕도 대원력大願力을 발하기 까지 배경에는 사랑하는 왕비가 있었습니다. 그녀는 인도대륙을 전쟁을 통해 통일한 아쇼카왕에게 사람을 죽이는 전쟁보다 부처님의 자비를 널리펴는 일에 앞장서 달라고 간청했습니다.

남편이 출세하면 금은보화를 산더미처럼 긁어 모으려는 다른 권력자의 아내와는 달리 아쇼카왕비의 자애로운 마음씨는 제왕을 움직여 마침내 남편을 인도역사에서 유례없는 성왕聖王이 되도록한 것입니다.

'세상을 정복하는 것은 남자지만 남자를 움직이는 것은 여자' 라는 말이 딱 들어 맞는 경우였습니다.

나는 부처님을 지극히 받드는 여성불자 한 분을 알고 있습니다. 김반야성金般若性보살이라는 분으로 그는 한 생을 두고 부처님을 믿으면서 남편을 하늘처럼 위하고 자식들을 훌륭히 키우는데 추호도 여념이 없는 보살이었습니다.

그녀는 자신에게는 어느 고행자 못지 않게 검약 검소로 한생을 살아오고 있습니다. 육신을 살찌게 하는 먹는 것, 입는것, 더 나아가 사치라는 것은 상상할 수도 없습니다.

그녀는 최근에 경남의 어느 고찰에 대탑大塔을 세웠습니다. 자신이 쓰는 돈은 백원 한닢도 헛되이 안쓰는 그녀의 대탑건립은 주위를 놀라게 했습니다. 누구처럼 돈이 수천억이 넘는 재벌이 아닌 보통 사람인 것입니다.

그녀는 남편에게 약속했습니다.

"아이들의 공부를 잘 시켜 좋은 대학에 진학토록 하면 제게 무슨 보상이 있습니까?"

남편은 아내의 지극한 믿음을 알고 웃으면서 약속했습니다. 남편은 막내딸을 끔찍이 생각했습니다. 그날로 어머니는 어린 딸에게 조용히 가르쳤습니다.

"엄마는 평소 소망 하나가 천년고찰에 대탑을 세우는 것이란다. 네가 공부 잘하여 명문대학에 가면 그 소원이 이뤄진단다."

소녀는 어머니의 마음을 이해했습니다. 엄마의 그 대답을 위하여, 추호도 한 눈을 팔지 않았습니다. 마침내 모녀의 대탑불사의 인연은 아버지가 지명한 대학에 딸이 당당히 들어감으로 시작되었습니다. 석탑이 개막되는 날, 아내는 이렇게 말하였습니다.

"이 탑은 당신을 위한 탑이랍니다."

남편의 현세의 영달도 헤아리고, 내세에 까지도 헤아리는 아내들의 마음은 과거 · 현재 · 미래 삼세를 통한 참된 아내의 길일 것입니다.

부처님께서는 바른 서원으로 등을 공양한 가난한 여인의 보시에 대해 〈현우경〉에서 이렇게 말씀하셨습니다.

"그 여인은 보리심을 가지고 공양했으므로 후일에 반드시 소원을 이루리라."

十善道와 용화정토

얼마전부터 관촉사에 머물면서 보물로 지정된 석조 미륵불을 자세히 볼 수 있었습니다. 18m가 넘는 이 거대한 미륵불을 보면서 우리 고유의 신앙을 다시 음미할 수 있었습니다.

미륵불은 미래불이라고 말합니다. 특히 현세에의 고통을 정화시켜줄 마땅한 대상이 없었던 우리 한국 사람들에게 있어서 미륵불에 대한 신앙은 대단했었던 것 같습니다.

둔탁한 돌미륵, 반면에 아련한 미소와 유연한 곡선을 갖고 있는 관촉사 미륵불. 이 미륵 부처님은 분명 우리의 조상들이 희구하던 여유와 기쁨을 자연스럽게 보여주고 있습니다.

현대인들에게도 이와 같은 잔잔한 미소를 갖고 있는 미륵불과 같은 점을 발견할 수 있습니다. 얼마전 부산의 감로사에 갔다가 그곳 시민들을 보고 느낀 점입니다.

사람들의 얼굴과 표정이 모두 미륵불을 빼어 닮은데 대해 흠칫 놀라고 말았습니다. 고개를 오르내리는 사람들, 전철을 갈아타는 시민들의 모습이 그렇게 여유있고 자연스러울 수가 없었습니다.

바닷가의 짠바람으로 일그러졌을 것같은 아낙네들의 얼굴표정이 이렇게 밝은데 깜짝 놀라지 않을 수 없었습니다. 이들에게서 하루 하루를 성실하게 살아가는 그리고 주위 사람들에게까지 웃음을 짓게하는 태산같은 여유를 보았습니다.

이들의 생활의 충만함은 저 신라의 미륵반가유상에서 옮아온 것이 아닐까, 그래서 미래의 미륵부처님뿐만아니라 현재의 평화를 상징해 주고 있는 것이 아닐까 생각하였습니다.

〈관미륵보살상생도솔천경〉에 보면 미륵불을 맞기 위한 우리 범부들의 자세에 대해 소개하고 있습니다.

부처님께서는 우바리에게 말씀하시길

"내가 멸도滅度한 뒤에 도솔천에 태어나고자 하는 사부대중은 한 생각으로 끊임없이 오직 도솔천을 관하고 모든 계율을 지킬 것이며 하루나 7일 동안이라도 십선十善을 생각하고 십선도十善道를 행하라."

고 이르셨습니다.

또 부처님께서는

"이렇게 하면 마침내 백 업겁 동안 지은 죄를 소멸할것이며 설사 하늘나라에 태어나지 못한다 하더라도 미래세에 미륵보살이 대각大覺을 이룰 용화 보리수 밑에서 미륵불을 만나 더 없는 도심을 일으키게 될 것."

이라고 말씀하셨다.

그러면 우리들이 미륵불을 볼 수 있는 방편인 10선은 무엇일까요? 그것은 불살생不殺生·불투도不偷盜·불사음不邪淫·불망어不妄語·불양설不兩舌·불악구不惡口·불기어不綺語·불탐욕不貪慾·불진에不瞋恚·불사견不邪見을 이르는 말입니다.

이와같은 10선도를 행할 때만 우리는 미륵부처님을 친견할 수 있고 미륵부처님이 계시는 용화세계에 함께 살수 있는 것입니다.

하지만 10선도를 행하는 것이 그렇게 어려운 일만은 아닙니다. 현재의 우리의 삶에서도 미륵부처님의 영험을 얼마든지 볼 수 있기 때문입니다.

오늘을 살아가면서 하루하루를 즐겁게 보내고 내일을 더욱 잘살기 위하여 분주하고 활기차게 살아가는 사람들에게서 그 모습을 봅니다.

조금은 슬프고 고되지만 항상 웃음을 잃지 않고 살아가는 이들에게서 금빛 햇살을 받아 밝은 미소를 띠우는 관촉사 미륵불의 모습을 보게되는 것입니다.

오늘과 내일을 성실하게 살아가는 사람들이 바로 10선도를 행하는 사람들입니다.

까마득히 머나 먼 미래에만 미륵부처님이 오시는 것은 아닙니다. 우리가 살아가는 이곳에서 작은 소망들을 소중히 키워갈 때 미륵부처님은 환한 곳으로 우리에게 내려오시는 것입니다.

普光 부산 보타원 원장

1933년 출생
1949년 해인사에서 고암스님을 은사로 득도
1970년 대각회 이사
1972년 해인승가대학 총동문회 회장
1972~2006년 부산 보타원 원장

상불경보살의 겸손

우리는 오늘날 만연되는 이기적 풍토 속에서 살고 있습니다. 자신의 일에만 집착하고 매달려 남들에게는 거의 정성을 기울이지 않습니다. 그러다보니 자연 남들을 소홀히 대하게 되고 드디어는 경시하기 까지 합니다.

요즘 세간을 떠들석하게 하고 있는 사건들도 따지고 보면 모두가 남들을 공경하지 않음에서 비롯된 것입니다.

이러한 사람들에게 〈묘법연화경〉의 상불경보살 이야기는 적지 않은 교훈적 의미를 줄 것으로 생각됩니다.

옛적에 상불경이라 불리는 비구가 있었습니다. 이 비구는 경전을 읽고 외우지는 못하였으나 다만 예배만은 열심히 하였습니다. 그는 사부대중을 대할 때마다 "나는 그대를 깊이 공경하고 감히 가벼이 여기거나 업신여기지 않나니 왜냐하면 만물은 모두 불성을 가지고 있기에 보살의 도를 행하여 반드시 성불할 것이기 때문이다."

고 말하곤 했습니다. 사부대중 가운데 마음이 맑지 못하고 화를 잘내는 사람들이 이 비구를 향해

"이 어리석고 무지한 비구야, 너는 어디서 와서 우리들을 경만히 생각지 않는다고 하며 또 반드시 성불할 것이라고 수기까지 하느냐? 우리들은 이같이 허망한 수기는 받지 않겠다."

며 욕을 했습니다.

하지만 비구는 욕설과 비웃음에도 아랑곳 하지 않고 여러곳을 돌아다니며 계속해서 '나는 여러분들을 깊이 공경한다.' 고 말했습니다.

마침내 화가 난 여러 사람들이 막대기나 돌을 가지고 매질을 가해도 비구는 끝끝내 웃음을 잃지 않고 계속 같은 말을 하고 다녔으므로 사람들은 그를 빗대어 상불경이라 불렀던 것입니다.

이 비구가 임종할 때 허공으로 부터 2천만억 게송이 들려 놀라지 않는 사람이 없었습니다.

지금까지 이 비구를 천대하고 경멸하면서 상불경이라 부르던 사부대중들이 그에게서 나타난 기이한 현상을 보며 설하는 바

를 다 듣고는 모두 순종하여 다함께 깨달음을 얻게 되었습니다.
석가모니 부처님께서는

"만일 속세에 내가 이 경전을 받아지녀 다른 사람을 위해 설하지 아니하였다면 나는 깨달음을 얻지 못하였을 것이다."

라고 덧붙였습니다.
이상의 말씀에서 부처님의 전생 수도하신 모습 즉, 평상시에는 상대를 공경하고 존중함은 물론 상대가 나를 멸시하고 심지어 폭력이나 해를 끼치더라도 더욱더 상대를 위하는 수행으로 큰 도를 성취하셨음을 알 수 있습니다.
남들을 멸시하는 것은 결국 자신을 멸시하는 것으로 이러한 사람들이 결코 깨달음을 얻을 수 없다는 것은 자명自明합니다.
만물은 모두 인연으로 이어져 있습니다. '너가 있기에 내가 있고, 내가 있음에 또 네가 있는 것' 입니다. 그러기에 이 세상에 독불장군은 있을 수 없으며 아무리 똑똑하고 잘난 사람일지라도 결코 혼자서는 살수 없습니다. 너무도 당연하고 상식적인 얘기겠으나 우리들은 곧잘 이러한 사실을 망각하고 행동할 때가 많습니다.
상불경보살의 겸허한 자세를 통해 우리는 평범한 생활 속에서 보살의 삶을 살수 있을 것이라는 희망을 발견할 수 있게 됩니다.

普光 성남 정토사 주지

1950년 출생
1967년 분황사에서 도운스님을 은사로 득도
1976~79년 육군 군승법사 (대위전역)
1989년 일본 교토불교대학 문학박사
1990년 동국대 선학과 교수(현재)
동국대 정각원 원장
서울 대성사 주지
2006년 성남 정토사 주지(현재)

부처님 나라 정토

요즈음 나라안은 온통 민주화의 물결에 휩싸여 있으며, 민주화를 성취하기 위해 많은 전통이 뒤따르고 있습니다.

불교에서는 민주화 된 대표적인 나라를 정토淨土라고 합니다. 이러한 정토중에서도 그 즐거움이 극치에 달한 나라가 바로 극락정토입니다. 극락정토야말로 가장 이상적인 세계입니다. 그래서 불교계는 정토구현을 이 나라 민주화의 목표로 삼고 있습니다. 이 극락정토를 건설하는데 있어서 몇가지 유념해야할 것이 있습니다. 그것은 극락정토 건설의 조건에 관한 것입니다.

〈무량수경無量壽經〉 상권에 의하면 아미타불께서 성불하시기

이전에 법장비구로 계시면서 극락정토의 건설을 위하여 세자재왕 여래앞에서 크나큰 발원을 하게 됩니다. 그러나 그 원이 너무나 크기 때문에 법장비구가 망설이게 되었을 때 세자재왕 여래는 이렇게 격려하였습니다.

"비유컨대 큰 바닷물이 아무리 깊더라도 한 사람이 한개의 바가지로 한량없는 시간동안 계속 퍼내면 반드시 바닥이 드러나 묘한 보배를 얻을 수 있듯이 사람이 지극한 마음으로 도를 구하는데 쉬지 않으면 마땅이 그 원을 이룰 수 있다. 또한 그 외에 어떠한 원이라도 반드시 성취 할 수 있다."

이러한 설법을 들은 법장비구는 48대원을 세우고 그 원을 성취하기 위하여 끊임없는 노력으로 인하여 마침내 성불하였으며 극락세계도 건설하게 됩니다. 아미타불이 극락정토를 건설하는 데는 무량한 시간이 걸렸습니다. 경전에 의하면 극락정토의 설계도를 완성하는데 만도 5겁의 시간이 걸렸다고 합니다.

이때에 참고로 하기 위하여 실지로 방문한 불국토만도 2백10억국토나 되었다고 하니 얼마나 장구한 시간과 무한한 노력이 소요 되었는지 상상하고도 남음이 있습니다.

이렇게 오랜시간에 걸친 설계와 많은 불국토의 장점만을 모아서 이룩한 극락정토야 말로 가장 이상적인 나라입니다. 그곳에는 어떠한 단점도 없으며, 모든 것이 한 생각에 의하여 성취될 수 있습니다. 삼악의 죄가 없으니 감옥도 없으며, 출세가 필요없으니 비리와 부정과 아부가 없으며, 모두가 평등하니 차별과 빈부의 격차가 없습니다. 공장이 없으니 공해도 없으며, 자동차가 필요없으니 교통난의 문제도 없는 나라입니다. 즉 요즈음 말로 표현하자면 한 생각에 의하여 모든 것이 성취될 수 있는 전자동全自動의 세계입니다.

오늘날 우리는 이러한 극락정토를 이 나라에 이룩하기 위하여 많은 애를 쓰고 있습니다. 여기에는 여러가지 방법을 동원하여 온나라 구석구석까지 들끓게 하고 있으며, 각계층에서 많은 대안을 제시하고 있습니다. 그러나 한가지 문제점은 이 나라에 진정한 정토사회를 구현하기 위해서는 너무 성급하고 단기적인 계획과 방법은 피해야 한다는 것입니다.

진정한 정토의 건설을 위해서는 법장비구가 바닷물을 쪽박으로 퍼내듯, 아미타불이 극락정토의 설계도를 작성하는데 만도 5겁이란 시간이 걸렸고 2백 10억 국토를 시찰하듯 인내하며 정성을 다해야 합니다. 길이 자손에게 물려 줄 정토화 된 나라의 건설을 위하여 많은 시간을 고민하고 사유해야하며, 다른나라의 경험과 장점들도 많이 보고 듣고 배울 필요가 있습니다.

우리 모두가 이러한 끊임없는 노력과 정진을 할 때 이 나라에는 진정한 정토사회가 건설될 것입니다.

思要 대구 은적사 주지

1952년 출생
1967년 범어사에서 의현스님을 은사로 득도
1983년 임휴사 주지 · 청송 대전사 주지
1987년 총무원장 비서실장
제9 · 10대 중앙 종회 의원
현재 대구 은적사 주지

중도는 正道다

한 사문이 밤에 가섭불의 〈유교경遺敎經〉을 소리내어 읽는데 그 소리가 너무나도 애절했습니다. '이렇게 깨닫지 못할 바에는 출가나 하지 말 것을' 하고 뉘우쳐 스님노릇을 그만 둘 생각이 있는 것 같았습니다.

부처님께서 지나시다가 잠시 들러 물었습니다.

"출가전에 집에 있을 때 너는 무슨 일을 하였느냐?"

사문이 대답했습니다.

"거문고 타기를 좋아했습니다."

"거문고 줄이 너무 느슨하면 어떻더냐?"

"그래 가지고는 소리가 아니 납니다."

"그렇다면 줄이 너무 팽팽하면 어떻든고?"

"소리가 끊어집니다."

"줄이 팽팽하지도 느슨하지도 않아 알맞을 때는?"

"소리가 고르게 울립니다."

부처님께서 말씀하셨습니다.

"사문이 이 도道를 행하는 경우도 마찬가지다. 마음 씀이 적당하면 도를 얻을 수 있으려니와 도를 구함에 있어서 너무 다급할 때는 몸이 지칠 것이고, 그 몸이 지칠때는 마음이 괴로울 것이고, 마음이 괴로울 때는 수행이 뒷걸음질 칠 것이다. 그리고 그 수행이 뒷걸음 치고 났을 때는 죄가 반드시 더해 갈 것이다. 오직 마음과 몸이 청정 · 안락해야만 도를 잃지 않으리라."

〈사십이장경四十二章經〉에 보이는 이 비유의 말씀은 부처님이 정각을 이루시고 교진여등 다섯비구에게 첫 법어를 내리실 때 초전법륜初轉法輪에 나온 중도관中道觀입니다.

이를테면 한 사물을 놓고 어느 한쪽에도 치우치지 않으며 또한 어느 곳을 특정하게 편애하지 않고 바로 보도록 하여 객관적 사실(진리)을 접하도록 하신 것입니다.

당시 인도사회는 극단적 쾌락주의와 극단적 고행주의가 수행하는 방편을 이루고 있었습니다. 부처님은 이를 경계해 어느 한쪽에도 치우치지 않는 정려靜慮의 상태에서 진리를 구하도록 가르치셨습니다. 그것이 곧 중도中道로 설명된 것입니다.

즉, 중도는 알맞은 거문고의 줄이 가장 아름다운 소리를 낼 수 있듯이 가장 위없는 법을 깨달을 수 있는 수행방편을 위해 제시되었습니다.

몇 달전에 우리사회는 이러한 중도사상을 절실히 필요로 하는 현상들이 있었습니다. 그것은 다름아닌 극좌極左 · 극우極右 논리의 대립이었습니다.

아직까지 이념理念논쟁이 그치지 않고 전개되는 현실이 가슴아프기도 하지만 어느 한쪽에 치우쳐 그것만이 옳은 길이라고 우겨대니 한심한 생각이었습니다.

이것이 또다시 최근 김대중 전대통령의 방북을 놓고 좌우左右입장으로 갈라져 대립현상을 보이고 있습니다. 통일을 지연시키는 반동적 행위로 보는 보수세력과 조국통일의 실현을 앞당기는 용기있는 행위였다고 들고 나오는 급진세력의 입씨름은 일말의 불안마저 던져주고 있습니다.

팽팽한 대립은 결코 아름다운 결과를 만들지 못합니다. 오히려 악순환만 거듭할 뿐입니다. 따라서 우리는 이 시기에 냉철한 이성과 합리력을 회복할 때라고 봅니다. 무엇이 우리를 민족단위로 묶어낼수 있게 할 것일까요?

우리 반쪽의 땅덩어리에서도 의견의 통일을 내지 못하면서 무엇으로 저쪽과 통일 할 수 있겠다는 것인지 반문해 보지 않을 수 없습니다.

부처님이 중도사상中道思想으로 쾌락추구자들과 고행제일주의자들이 난무하는 인도전역의 사상계를 점차 통일해 나갔던 사실은 무엇을 의미하겠습니까?

각자가 갖고있는 이념적 무장을 해체합시다. 그리고 진정으로 우리가 만날 수 있는 길을 찾아 봅시다.

三中 전 서울 자비사 주지

1942년 출생
1959년 해인사에서 경산스님을 은사로 득도
1967년 대구 용연사 주지
1975년 조계종 중앙포교사
1982~2006년 자비사 주지
전국교도소 순회 포교사

산다는 것의 의미

사람이 평생을 살면서 한번도 가지 않아도 좋을 곳이 두군데가 있습니다. 하나는 병원이고 하나는 교도소입니다.

병원이나 교도소는 인생불행의 상징입니다. 병든 사람, 죄지은 사람보다 더 측은하고 불행한 사람은 없습니다.

병원이나 교도소는 병든 사람, 죄짓는 사람이 없는 사회를 만들기위해 존재하는 기관입니다. 병원이나 교도소의 존재이유는 궁극적으로 그러한 기관이 없어도 될 사회, 병원이나 교도소가 존재할 이유가 없는 사회를 위해 존재합니다.

그러나 현실은 아이러니칼하게도 날이 갈수록 병원과 교도소를 필요로 하고 있습니다. 줄어들어야 할 병원과 교도소가 「없어지기 위해」더 많이 생겨나고 있는 것입니다.

종교도 마찬가지입니다. 종교는 인간고통의 근원을 해결해줌으로써 궁극적으로는 종교가 필요없는 사회가 되는데 궁극의 목표가 있습니다. 없어지기 위해 존재하는 것이 종교입니다.

그러나 종교도 병원이나 교도소 처럼 수천년이 지난 오늘까지 없어지지 않고 있습니다. 날이 갈수록 종교의 가치와 필요성은 더욱 늘어나고 있습니다. 그만큼 종교적 가치와 윤리에 배반된 삶을 살고 있다는 얘기입니다.

이런 점에서는 정치도 마찬가지입니다. 좋은 정치란 있는듯 없는듯 소리가 없는 정치가 잘하는 정치입니다. 정치를 하는 이유는 이해가 엇갈리는 사람들의 의견을 소리없이 조정하여 균등하게 잘살도록하기 위해 필요한 것입니다. 그러나 유사이래 정치는 민중을 억압하고 괴롭히는 도구로 이용된 것이 더 많았습니다.

그래서 마치 자갈밭에 마차굴러가듯 시끄러운 소리를 냈습니다. 최근 몇 년 사이 한국의 정치상황을 보면 정치란 국민을 괴롭히는 것, 신물나게 하는 것이라는 느낌을 지울 수 없는 것이었습니다.

줄어들어야 할 병원과 교도소가 더 많이 생기고, 없어져야 할 종교가 더 필요하고, 조용해야 할 정치가 더 요란해지는 이유는 무엇때문일까요? 왜 사람들은 높은 곳을 지향하면서 낮은 곳에서만 헤맬까요? 모두가 영원을 보지 못하고 꿈속의 일에만 최고의 가치를 부여하고 있기 때문입니다.

제법 왕관을 쓰고 옥좌에 앉아 수많은 대신들을 거느리는 군왕이 되었다가도 누구인가 건드려 깨우면 고작 이불속에서 딩구는 초라한 자신이 아니던가요. 때로는 가위눌림을 당하여 고통속에서 헤매면서도 그것이 한마당 꿈인줄은 전혀 모르고 그 고통이 영원한 것이려니 생각하며 더욱 괴로워합니다.

그러나 우리가 설잠중에 가위눌림을 당하다가도 스스로 깨어나면 「아참 잘 깼구나」하고 생각합니다. 그렇습니다. 깨침이란 바로 설잠의 가위눌림에서 스스로 벗어나서 「잘 깼구나」하는 환희경을 스스로 맛보는 것과 같습니다.

물질적 욕망만을 좇으면서 아상我相 · 인상人相 · 중생상衆生相 · 수자상壽者相에서 벗어나지 못할 때 결코 설잠에서 깨어나 맛보는 환희경을 누릴 수는 없는 일입니다. 그것은 오직 스스로 깨어난 자만이 누리는 환희경입니다.

부처님은 〈금강경金剛經〉에서 꿈속에 사는 중생들에게 이런 가르침을 주셨습니다.

> 모든 법은 꿈과 같고, 환상과 같고, 물거품 같고, 그림자 같으며,
> 이슬과 같고, 스치는 번개불 같으니 마땅히 이와같이 관하라.

一切有爲法 如夢幻泡影
如露亦如電 應作如是觀

지난 5월 23일, 우리는 부처님 오신날을 맞이하여 모든 사암과 불자의 집안에 등불을 밝혔던 것처럼 무명無明의 마음에 등불을 밝혀 산다는 것의 의미와 오늘 이 시대에 과연 어떻게 살 것인가를 한번쯤이라도 생각해봐야 할 것입니다.

象默 전 연주암 주지

불국사 전문강원 강주
강화 전등사 회주

행복의 네 조건

디가자누라는 사람이 부처님을 찾아가서

"세존이시여, 저는 아내와 자식을 데리고 가정을 꾸려가는 평범한 속인입니다. 저에게 현세와 내세에서의 행복을 인도해 줄 좋은 가르침을 베풀어 주십시오."

라고 하였습니다. 부처님은 우선 현세에서의 인간의 행복을 인도해 주는 네가지가 있다고 대답해 주셨습니다.

"첫째는 자신이 종사하는 어떤 직업에서든지 숙련되어야 하고 능력을 갖추고 있어야 하며, 근면하고 원기왕성해야 한다.

努力具足

둘째는 자신의 이마에 땀을 흘리며 정당하게 벌어들인 소득을 보존해야 한다.守護具足

셋째는 성실하고 학식이 있으며 덕망있고 도량이 크며 자신을 악에서 벗어나게 하고 바른길로 인도해줄 친구를 사귀어야 한다.善知識具足

넷째는 너무 많이도 적게도 말고 자기의 소득에 따라 합리적으로 소비해야 한다.等命具足"

그리고 내세來世에서의 행복을 이끌어줄 평신도의 네가지 덕을 말씀하셨습니다.

"첫째, 신信으로 도덕적, 정신적, 지적知的 가치를 믿고 신뢰해야 한다.

둘째, 계戒로 훔치고 속이고 거짓말 하는 등의 파괴적이고 해로운 생활 태도를 취하지 말라.

셋째, 사捨로 부에 대한 애착과 갈망을 갖지 말고 자선과 관용을 베풀어야 한다.

넷째, 혜慧로 번뇌를 없애고 열반의 경지로 이끄는 지혜를 닦아야 한다."

위의 예를 보면 불교가 숭고한 이상, 고결한 도덕과 철학적 사고에만 관심을 갖고 인간의 사회 경제적 복지는 소홀히 하고 있다고 생각하는 것은 잘못입니다. 부처님은 인간의 행복에 많은 관심을 갖고 있었습니다. 불교는 물질적 행복을 그 자체의 궁극적 목표로 삼지는 않습니다. 즉 물질이란 보다 높고 숭고한 목표를 이루기 위한 수단에 지나지 않는 것입니다.

그러나 인간의 행복을 위한 고결한 목표를 이루는데 없어서는 안될 수단인 것입니다. 그래서 불교는 정신적 성취를 이루려면 최소한의 물질적 여건이 필요하다는 것을 인식하고 있습니다. 어떤 외진곳에서 수행하고 있는 승려라 할지라도 정신적인 성취를 이루는데에는 최소한의 물질적 여건은 필요한 것입니다.

부처님은 인생을 사회 경제적 관계에서만 볼것이 아니라 그 사회, 경제, 정치등의 모든 국면에서 총괄적으로 보았습니다.

그분의 윤리적, 정신적, 철학적 문제에 관한 가르침은 상당히 잘 알려져 있으나 사회, 경제 정치등에 관한 가르침은 거의 알려져 있지 않습니다. 그러나 불경에는 그러한 문제를 다루고 있는 많은 이야기가 두루 산재해 있습니다.

부처님은 경제적 복지를 인간의 행복을 위한 필요조건으로 보았지만, 그것이 단순히 정신적, 도덕적 기반이 없는 물질이라면 진실된 것이라고 보진 않았습니다.

부처님은 물질적 개선을 장려하면서도, 평화롭고 행복한 사회를 만들기 위해서는 도덕적, 정신적 품성의 계발이 더욱 긴요하다는 것을 언제나 강조하신데 대하여 우리는 주의를 기울여야 하겠습니다.

西庵

1917~2003년
1935년 김룡사에서 화산스님을 은사로 득도
1943년 심원사에서 화엄경 강의
1970년 봉암사 조실
1975년 조계종 총무원장
1991년 조계종 원로회의 의장
1993년 조계종 제8대 종정
2003년 봉암사에서 입적

1

마음의 자리

옛날에 대의삼장이라고 하는 스님은 공부를 많이 해서 사람들의 마음을 훤히 볼 수 있었다고 합니다. 그래서 저 사람이 나를 욕하면 나를 욕하는구나, 무슨 근심이 있으면 어떤 근심을 하는구나 하고 그 마음을 환하게 알았습니다.

그런데 혜충국사가 그 사람이 그런 소리로 모든 사람을 어지럽히니 바로 잡아 주어야 하겠다고 생각하고 찾아와서는 '그대가 남의 마음을 훤히 안다고 하니 내 마음도 한 번 알아봐라.' 하였습니다.

그리고는 이 점잖은 스님이 마음을 어디에 두느냐면, 올때

물가에서 말과 소와 개와 당나귀 등이 서로 어울려 노는 것을 보았으니 그곳에 생각을 던졌습니다. 그러나 대의삼장은 확연히 마음을 알아냈습니다.

그 다음에는 마음을 저 도리천이나 하늘세계에 던졌더니 대의삼장은 '아이고 스님, 참 훌륭하십니다. 보통 사람은 그 천상세계에 마음이 못가는데 스님께서는 지금 도리천과 야마천 하늘세계에 계시니 정말 훌륭하십니다.' 하면서 그 마음도 보는 것이었습니다.

그 다음에는 일체 마음이 움직이지 않는 마음의 고향, 말하자면 희노애락의 상념이 떨어진 그 마음자리에다 마음을 딱 둬 버렸습니다. 그러자 대의삼장이 아무리 찾아보아도 보이지 않으니 당황하였습니다.

온갖 신통으로 저 천상세계를 다 뒤지고, 지옥을 모두 찾아보고 삼계육도를 다 헤매도 눈 앞에 있는 혜충국사의 마음이 있는 자리를 못 찾았습니다.

보통 사람은 상념想念의 세계에 마음을 쓰니 그것을 모두 알 수 있지만 빛도 모양도 냄새도 없는 본래 마음자리에 갖다 놓으니 아무리 신통력이 있다 해도 어떻게 상념으로 찾을 수 있겠습니까?

우리가 슬플 때는 슬픈 생각에 마음이 가기 때문에 귀신이 보고 다 알 수 있지만 빛도 모양도 냄새도 없는 본래 자리에 딱

놓아두면 찾을 수가 없는 것이 당연하지요.

혜충국사는 당황하는 대의삼장에게 '반딧불 같은 지혜를 가지고 모든 사람을 현혹하느냐' 고 호령을 합니다. 그리하여 자신의 잘못을 깨우친 대의삼장은 이렇게 해서 바른 마음공부에 들어섰다는 이야기가 있습니다.

꽃은 어느 누가 보아도 꽃이지만 깨닫지 못한 어리석은 사람이 보는 것 하고 눈뜨고 깨달은 사람이 보는 것과는 다릅니다. 그것은 마치 근심이 많은 사람은 꽃을 보고 눈물을 짓고, 근심이 없고 마음이 화평한 사람은 꽃을 보고 노래하고 춤을 추는 것과 같은 이치입니다. 그러니까 꽃 자체가 슬프고 괴로운 게 아닌데, 자기의 색안경, 자기의 경계에 따라서 그렇게 판단하는 것입니다.

대의삼장은 비록 모든 중생의 마음은 다 알지만 본래 마음자리를 밝히지 못한 까닭에 본래 고향에 던져진 마음을 알 도리가 없었던 것이지요.

대부분의 사람은 모태 안에 들어선 것도 기억하지 못하고, 두 살 세 살 때도 기억하지 못합니다. 아주 영리한 사람이 아니면 모태의 기억을 못합니다.

그러나 똑바로 앉아 참선을 하다 보면 어머니 배 안에 있던 기억, 세 살 네 살 때 까맣게 잊었던 생각도 떠오릅니다. 그것은 보통 때는 보이지 않던 먼지가 아침에 태양빛이 밝게 비치면 바글바글하게 다 보이는 것과 같습니다. 이것은 태양빛이 자석처럼 그 먼지를 끌어온 것은 아니거든요. 다만 밝은 빛이 비추니까 먼지가 보일 뿐이듯 우리가 참선을 하여 마음을 밝히면 지난 시절 까마득히 잊었던 일까지 다 떠올라 생각나게 됩니다.

여기서 한 단계 넘어서면 생각이 가라 앉으면서 영적인 능력이 생겨 가만히 앉아서도 수천 리 밖의 일도 알고, 과거 · 현재 · 미래를 훤히 알게 되지요.

그러나 그런 것을 아는 것이 참선공부가 아닙니다. 여기까지는 하나의 과정일 뿐입니다. 그 단계에 집착하지 않고 넘어가면 참으로 완전히 조용하게 희노애락이 끊어지고 본래 안심입명安心立命한 자리를 발견하게 됩니다.

공기를 깨끗이 하면 태양빛이 아무리 비추어도 먼지가 안 보이는 경우와 같습니다. 왜냐하면 태양빛이 먼지를 만들어 내는 것이 아니라 밝은 빛이 먼지를 보이게 했을 뿐이기 때문입니다.

세상을 살아가는데 '내가 세상을 굴리느냐, 세상에 내가 굴림을 당하느냐' 하는 그 생활 태도가 범부와 성인의 차이입니다.

이 세상 사람들은 모든 환경의 지배를 받으면서 누가 웃기면 웃고, 누가 화를 돋우면 화를 내고, 이렇게 지배를 받으면서 고통이 끊어지지 않습니다. 그러나 깨달음의 세계는 어떠한 경계라도 상관이 없는, 물들지 않는 자기를 구사한다 그 말입니다.

아침에 일어나면 조용히 앉아서 한 번 생각해 봅시다. 다만 10분이라도 앉아서 자기 생각을 딱 집중하고 참선하는 생활이 필요합니다. 이렇게 하면 그 참선하는 찰나부터 자기의 안정된 마음을 얻을 수가 있습니다.

이것을 1분 동안하면 1분 동안 하는 것만큼, 10분 하면 10분 하는 것만큼, 1시간 하는 것만큼 하기 전과는 자기인생이 다른 것이 스스로 느껴집니다. 마치 밥을 한 숟가락 먹으면 한 숟가락 먹은 만큼 배부르고 두 숟가락 먹으면 두 숟가락 먹은 만큼 배부르다가 끝내 한 그릇 다 먹으면 배가 다 부른 것처럼 우리가 어느 단계까지 수행을 쌓아 올릴 때 큰 영향력이 생겨 어느 순간에 이르면 잠시만 해도 그 이치를 대번 알게 됩니다.

예를 들어 감정이 생긴다든지 무슨 생각이 극도로 달릴 때 잠시라도 가만히 앉아서 마음의 뿌리를 돌이켜 보면 그 불이 사그러집니다. 타는 불에 찬물 끼얹듯이 우리의 그 타는 열병이 시원한 참선의 물로 삭 녹아집니다. 그게 바로 법열이고 희열입니다.

그것은 해 보시면 즉각 느껴집니다. 그렇게 해서 내 인생이 차츰차츰 달라지는 것이지요. 영리한 이들은 물론 한번에 대번 깨칠 수도 있지만 대개는 오래도록 해서 자꾸 쌓으면 모두 그렇게 깨치게 됩니다.

본래 마음을 밝히고 보면 바른 정법을 알고 그것에 따라 살게 되니, 우리 모두 이 이치에 따라 생활하도록 힘씁시다.

2

나의 참 모습을 찾아서

참선에서 가장 중요한 것은 모든 이론이나 철학 등 인간 지식을 정리해서 다시는 방황하지 않는 마음의 안정을 얻는 것입니다. 그것이 바로 모든 의심을 하나로 귀착시키는 것입니다.

그런 경지는 물론 한 순간에 이룰 수 있는 것은 아닙니다. 그만큼 이론에 대한 정리를 위해 공부도 하고 토론도 하는 것이 필요합니다. 예를 들어 내 인생이 어디서 왔느냐 하는 것을 생각해 봅시다. 좀 둔한 사람은 부모 · 조부모로부터 소급해 인류 역사 최초까지 생각해 본 뒤에야 '아, 내가 모르고 있구나' 하는 결론을 얻는데, 생각을 철저히 하는 사람은 대번에 그것을 깨닫고 '모른다' 에서 출발합니다.

실로 만물이 다 그렇습니다. 그러니 오나가나 내 인생 전체의 문제, 이 생사의 문제 그것 하나가 딱 걸려서 놓을래야 놓을 수도 없고 놓아지지 않는 것입니다. 그런 것이 화두입니다.

그런데 이론체계도 서지 않고 모든 의심이 귀착된 그런 경지도 아닌 상태에서도 참선을 할 수 있는 도리가 있습니다. 일체 무슨 지식을 배우지 않았더라도 스스로가 도인이 되어 반드시 이 생사 문제를 해결할 수 있다는 이 한 가지를 무조건 믿고 시인하는 것으로 이 꽉 막힌 생사 문제에 맞닥드리는 것입니다.

많이 알되 더 이상 나아갈 수 없는 백천간두百尺竿頭에서 이론적으로 꽉 막히는 것이나 무조건 막히는 것이나, 막히는 태도는 마찬가지 입니다. 화두란 결국 이렇게 꽉 막히는 것입니다.

'이 뭐꼬?'

꼬집으면 아픈 줄 알고, 부르면 대답하고 웃고 울 줄 아는 그 물건이 어떻게 있느냐? 아무리 찾아봐야 찾을 수 없습니다. 이 몸을 해부해도 찾을 수 없고 현미경으로 들여다 봐도 찾을 수 없습니다. 그렇다고 없느냐 하면 없는 것도 아니니, 차라리 없다면 문제 해결이 쉬운데, 아프고 슬프고 괴롭고 온갖 것이 다 있으니 참으로 묘한 것이지요.

가령 자살을 할 만큼 괴로운 심정이더라도 그 괴로움의 뿌리를 찾아 아무리 깊이 파고들어 보아도 아무 것도 찾을 수 없다는 것이지요. 결국 아무 것도 없는 것에 속고 있다는 것을 깊이 인식한다면 여러분의 생활에도 큰 도움이 될 것입니다.

옛날 혜가스님이 달마스님을 찾아 갔을 때의 이야기 입니다.

"제가 괴로워 못 살겠습니다."

"그래? 그러면 그 괴로움을 없애줄테니 어디 그 괴로운 마음을 한번 내놓아 보아라."

혜가스님은 그 괴로운 마음을 안팎으로 찾아보았지만 없거든요.

"아무리 찾아 보아도 찾을 수가 없습니다."

"그러면 내가 이미 그 괴로운 마음을 다 풀어 주었노라."

아무리 찾아도 없는 마음 때문에 왜 괴로워하냐는 것이지요. 우리가 어떤 고통을 당할 때도 정신없이 밖으로만 헤매기 때문에 그 고통이 그치지 않고 무한히 방황하게 되는 것입니다.

괴로운 자리를 응시해서 돌이켜 보면 실로 괴로움이 없는 것입니다. 이 괴로움이 일어나는 원인은 바로 무명無明, 밝은 지혜가 없기 때문이라고 합니다. 무명이란 쉽게 말해서 착각입니다. '본무생사本無生死' 라는 말이 있습니다.

나고 죽는 것이 본래 없는 그 도리만 알면 문제가 다 해결되는데 바깥 그림자에 끄달려서 이것을 보지 못하는 것입니다. 중생이란 부처를 세우기 때문에 생겨난 말이요, 산다는 것 또한 죽음을 세우기에 생긴 말입니다.

결국 착하고 악하고 하는 모든 시비가 전부 상대적인 것이요, 관념 속에 물거품처럼 일어난 것입니다. 세계가 이런 허상임을 알 때 우리는 어떠한 경우에도 흔들리지 않고 태연자약하게 자기 인생을 살아 갈 수 있는 것입니다.

그러나 이런 원리를 몰라 희로애락 온갖 것에 걸려 쩔쩔매고, 생노병사에 걸려 방황하는 것이 바로 중생입니다. 한 생각 바로 보고 살면 이것이 부처의 세계인 극락이요, 정토요, 환희와 삼매의 세계입니다.

한 생각 미혹할 때에 때론 좋거나 때론 나쁜 여러 양상의 세계가 벌어지는 것입니다.

우리가 화가 났을 때를 한 번 봅시다. 가슴에는 불이 펄펄 나고 앞뒤가 감감한 것이 이성을 잃어 자신이 죽는 것도 마다 않고 끝가지 싸워 칼부림까지도 하게 됩니다. 그것이 탐 · 진 · 치 삼독입니다.

이처럼 독약과 같은 탐냄 · 성냄 · 어리석음도 생각을 돌이켜 살피면 본래 없는 것입니다. 그래서 우리가 어떠한 일이든 집중해서 근본을 돌이켜 비추어 회광반조廻光返照하면 본래 공한 이치를 깨닫게 됩니다.

해탈한 마음을 얻으면 삼독에 빠지지 않고 성내는 마음을 일으킨다 해도 자기 속엔 조금도 성냄의 때가 없게 되는 것입니다.

외부의 세계에 끄달리지 않는 자기의 주체, 그것을 '어떤 상황에서도 마음은 여유롭다. 대경천차심한일경對境千差心閑一境'이라 합니다. 항상 그 근본인 공空한 곳에 한가히 있다는 뜻입니다. 복잡한 속에서도 한가한 마음을 지킴으로 해서 지혜가 생기게 되는 것입니다.

자기 중심을 잃어버리는 것에서 온갖 고통이 생기니, 불교는 자기를 잃고 헤매는 꿈을 깨라고 합니다. 자기를 발견하는 것, 아무 것에도 구애받지 않고 명랑한 자기를 발견하는 것이 불교입니다.

다른 종교는 자아발견에 대해 말하는 것이 흔치 않고 또 있다하더라도 정도가 미약합니다. 특히 서양사상의 대부분은 어떤 위대한 존재를 밖에 두고 거기에 매달리게 되니 거기서 갈등이 생기게 되는 것입니다.

그러나 불교는 철두철미하게 자기를 바로 보는 것입니다. 자기 인생을 똑바로 볼 때만이 '우주와 내가 둘이 아니요 너와 내가 둘이 아님'을 알게 되고 '너와 나다' 하는 고정관념이 떨어져 구애가 없게 되는 것입니다.

부산에 대덕화 보살이라는 분이 열심히 수행을 하셨는데 그

분이 임종 전에 아들딸에게 말씀하시기를,

"나는 오늘 간다. 내가 올 때는 혼몽천지昏夢天地로 인생이 어디서 왔는지 모르고 왔지만, 가는 것은 분명하고 쾌활해서 이곳보다 몇 백 배 나은 곳으로 가니 너희들이 슬퍼할 이유가 없다. 너희들이 슬퍼하면 내가 애착이 생기니 울지 말고 대신 내가 죽거든 내가 다니던 절의 스님을 모셔다가 화장을 해 다오."

하셨습니다.

그래서 그 절의 스님이 화장을 했는데 그 보살님이 살아 생전에 수행을 잘하셔서 사리 세개가 나왔더랍니다.

육체란 평생 입혀주고 먹여주고 닦아주고 종노릇 해 봐야 깨진 독에 물을 붓는 것과 같기 때문에 우리는 항상 정진하고 노력해야 합니다.

참선을 하루 한 시간씩이라도 제대로 하면 우선 살아가는데 큰 힘이 생길 것이고, 제대로 하면 누가 화나게 해도 웃을 수 있는 마음의 여유가 생깁니다. 그런 이유를 가지고 일을 처리하기 때문에 착오가 있을 수 없습니다.

흔히 불교가 쇠한다든가 성盛한다는 말을 하는데, 자기가 열심히 하지 않고 껍데기만 보니 그렇지 진리에 성쇠가 어디 있겠습니까? 부처님의 진리를 받아들일 때 바로 이곳이 부처님 국토가 되는 것이지, 진리가 어디 따로 감춰졌다 나타났다 하는 것이겠어요?

이렇게 간단 명료한 것이 불교의 철학입니다. 때문에 진실하게 정진을 하면 참으로 위대한 힘이 생깁니다. 한 끼 밥을 먹어도 참선을 하면 배가 부르고 무엇을 많이 가지고 있지 않더라도 푸근한 마음이 됩니다.

모든 헛된 생각이 없을 때 참으로 마음 속에 법열이 생기고 환희심이 생기는 것입니다.

善根
범어사에서 석주스님을 은사로 득도
해군 군승법사(대위)
서울 칠보사 주지(현)

정구업진언의 뜻

말의 가치는 진실에 있습니다. 진실을 담고 있지 않은 말은 아무리 화려한 수사修辭를 늘어 놓는다 해도 소음騷音에 지나지 않습니다.

이솝일화寓話에 나오는 「양치는 소년과 늑대」의 얘기는 말에 진실이 없을 때 어떤 결과가 오는지를 보여줍니다. 거짓말에 속은 사람들은 정말로 늑대가 나타났대도 믿지 않는 극도의 불신감不信感에 빠지게 됨을 이 우화는 교훈하고 있습니다.

우리나라 속담에 「콩으로 메주를 쑨다해도 못 믿겠다.」는 말이 여기에 해당합니다. 메주는 콩으로 쑤는 것이지 팥으로 쑤는 것이 아닙니다. 그런데도 못믿겠다는 것은 불신不信의 장벽이 얼마나 견고한가를 나타내는 것입니다.

왜 콩으로 메주를 쑨다는 사실조차 믿지 않으려 하는 것일까요. 한마디로 거짓말에 속임을 당한 경험이 너무 많았기 때문입니다.

대통령 선거를 앞둔 요즘 대권大權을 향한 후보들은 갖가지 화려한 공약을 내 놓고 있습니다. 이들의 말을 듣다보면 모든 일이 안될것이 하나도 없겠구나 하는 착각에 빠지게 합니다. 국민을 하늘처럼 받드는 민주정치를 하겠으며 분배를 공정하게 하겠다는 말은 듣기만 해도 배가 부를 지경입니다.

그러나 이같은 공약公約을 액면 그대로 믿는 국민은 정작 얼마되지 않는 것 같습니다. 그동안 정치가들이 마치 전능한 신神처럼 무엇이든 「약속」을 해놓고 뒷책임을 지지 않았기 때문에 생긴 일입니다.

우리 사회의 병폐로 자주 지적되 온 「불신풍조」도 근원을 따지고 보면 이같은 허황한 공약空約에서 비롯된 것이라 할 수 있습니다.

국가경영의 지도자라는 사람들이 집단의 수단으로 국민을 속이고 때로는 이간하고 또는 위협하는 말을 계속 해옴으로써 이제는 어떤 말도 진실로 받아 들이지 않으려는 것입니다. 밑천 안든다고 함부로 내뱉은 말이 가져온 엄청난 결과에 놀라지 않을 수 없습니다.

불교의 아비달마阿毘達磨교학은 모든 현상을 세밀히 분석해 설명하는 이론체계로 유명합니다. 이에 따르면 인간은 신체身·입口·생각意을 통해 죄악을 저지르는데 이를 다시 세분해 보면 신체와 생각은 각각 세가지씩의 죄를 짓지만 입은 하나가 더 많은 네가지 죄를 짓는다는 것입니다.

네가지란 욕설惡口·이간질兩舌·거짓말綺語·억지妄言를 가르킵니다.

10악업 중에서 입으로 짓는 죄가 하나 더 많다는 것은 우리의 일상에서 말이 차지하는 비중이 그만큼 크다는 것을 의미합니다.

그래서 부처님은 불자佛子가 지켜야 할 여러 가지 계목戒目가운데 바른말을 할것이며 '거짓말을 하지 말라.' 고 누누이 강조하고 있습니다.

불신을 없애고 서로가 신뢰하는 사회를 이루는 첫걸음은 무엇보다 거짓말이 없고 진실이 강물처럼 흐르도록 하는 일입니다. 남을 헐뜯고 모함하거나 거짓말을 밥먹듯이 하는 파렴치가 발붙이지 못하도록 해야만 정의로운 민주사회, 불국정토佛國淨土를 이룰수 있습니다.

불자들은 경전을 읽기 전에 갖가지 나쁜 말로 더럽혀진 입을 깨끗하게 하는 「수리수리 마하수리 수수리 사바하」라는 정구

업진언淨口業眞言을 외웁니다. 진언眞言은 글자 그대로 참된 말이라는 뜻입니다.

유명한 천수경千手經은 이 진언으로부터 시작됩니다. 이 진언을 외우는 것은 「이제부터 진실된 말만 하겠다.」는 다짐입니다.

경전을 읽을 때만이 아닙니다. 누구와 대화를 하기 전에는 우리는 스스로에게 참된 말만 할 것을 다짐해야 합니다. 그리고 마음 속으로 「수리수리 마하수리 수수리 사바하」의 참뜻을 되새겨야 합니다.

禪龍 거창 포교당 주지

1946년 출생
1962년 해인사에서 도원스님을 은사로 득도
조계종 총무원 사회국장 · 교무국장 · 재무국장
제11대 중앙종회 의원
거창 포교당 주지

운명을 거부하는 삶

"사람이 부지런히 힘써 노력하면 반드시 이익을 만족하게 얻으리라. 이익의 만족을 얻기 위해서는 참아야 한다. 참는 일보다 훌륭한 일은 없느니라."

〈잡아함경〉 제40권 1119경에 나오는 부처님의 가르침입니다.

모든 인생에 있어 공통의 목표는 행복을 성취하는데 있습니다. 공부를 하든 장사를 하든 궁극의 목표는 행복에 있습니다.

권투선수의 목표는 챔피언이 됨으로써 얻는 행복이며, 수도승의 목표는 해탈이 아니라 해탈을 얻음으로써 인생에서 가장 완벽한 행복을 성취하는 것입니다.

모든 행복은 공짜로 그저 얻어지지 않습니다. 목표성취를 위한 부지런한 노력이 있어야 합니다. 노력 없이는 어떤 종류의 목표에도 도달할 수 없습니다.

농부는 밭갈고 씨뿌리지 않으면 수확을 기대할 수 없으며, 남보다 더 많이 땀 흘리고 노력한 사람만이 더 많은 결실을 얻게 됩니다. 그래서 노력을 성공의 어머니라고 부릅니다.

노력은 인내를 요구하며, 수많은 역경과 고난을 참고 견뎌야 합니다. 한밤의 추위와 무서움을 이겨야 새벽을 맞을 수 있듯 고통과 신고辛苦를 견뎌야 성공의 열매를 딸 수 있습니다.

그러나 많은 사람들은 노력과 인내도 없이 성공의 열매를 따려고 합니다. 작은 노력으로 큰 결실이 없음으로 얻으려고도 합니다. 그리고 늘 운명과 팔자타령만 늘어놓습니다.

부처님은 운명과 팔자를 부정한 분입니다. 부처님의 가르침은 철저히 인과의 원리에 입각해 있습니다.

인과란 인생을 창조적 삶으로 엮어가는 원리입니다.

인과의 법칙은 정직합니다. 예외규정이 없고 누구에게나 공평합니다. 남보다 더 열심히 일하고 더 많이 참는 사람에게 운명과 팔자란 허무맹랑한 도깨비일 뿐입니다.

인생을 어떻게 살아야 하는가는 처음부터 명백합니다. 최선을 다해 노력하는 길 뿐입니다. 여기서 반드시 기억해야 할

〈백유경〉의 애기 한토막을 소개합니다.

옛날에 유명한 뱃사공의 아들이 있었습니다. 그는 아버지와 함께 배를 자주 탔으므로 배젓는 방법에 밝았습니다.

물결이 소용돌이 칠때는 어떻게 노를 잡고, 바다물이 빨리 흐르는 곳에서는 어떻게 뱃머리를 돌려야하고, 파도가 거세면 어떻게 배를 정지시켜야 할지를 모두 외우고 있었습니다.

어느날 아들은 마을사람들과 함께 바다로 보물을 찾으로 나갔습니다.

그런데 배를 타고 나간지 얼마 안돼서 뱃사공이 그만 죽고 말았습니다. 배에 함께 타고 있던 사람들은 뱃사공의 아들이 평소 배젓는 비결을 모두 외우고 있었으므로 그에게 노를 잡아 달라고 부탁했습니다.

그러나 그는 바다물이 소용돌이 치는 물살 센 곳에 이르자 이렇게 노를 잡고 저렇게 저으면 된다고 말만 할 뿐 제대로 배를 이끌지 못했습니다. 배는 파도에 휘말려 전복되고 사람들은 모두 물에 빠져 죽고 말았습니다.

인생에서 성공의 비결도 마찬가지입니다. 말로만 노력해야 하고 인내해야 하며 성실과 정직을 강조해서는 아무런 소용이 없습니다.

마치 물결이 소용돌이 칠때 배를 어떻게 해야한다고 좔좔 외우는 뱃사공의 아들이나 다름없습니다. 중요한 것은 어떻게 사느냐 하는것은 말이나 이론으로써가 아니라 실제의 삶이 노력과 인내여야 합니다.

〈백유경〉의 비유는 말만 앞세우고 나중에 신세타령하는 사람의 어리석음을 경계하기 위한 설법입니다.

신세 한탄을 할 필요가 없습니다. 한탄하려면 자신의 게으름과 불성실을 한탄해야 합니다.

禪一 인천 부루나포교원 주지

1952년 출생
1974년 대흥사에서 기산스님을 은사로 득도
1979~85년 해군군승법사(대위예편)
1988년 미국 워싱턴주 타고마 봉황사 주지
1988년 국제 포교사 자격취득
1992년 인천 불교사암연합회 부회장
현재 부루나포교원 주지

노력이 가장 큰 보물

「백척간두百尺竿頭의 진일보」, 「고양이 쥐잡듯」, 「늙은 쥐 뒤주 구멍 파듯하라」는 말들은 수행자에게 참선수행의 비유어로 써 말한 것들입니다. 백척 높이의 장대끝에 서서 한 발 디디면 어디로 떨어질 것인가, 손에 땀이 나고 등골이 오싹합니다. 고양이가 쥐잡을 때 눈감고 쥐잡는 고양이가 있겠습니까? 그 눈빛이 얼마나 무섭고 살기 등등하며 또한 늙은 쥐 이빨로 쌀창고 구멍 뚫는 정성이야 말로 얼마나 간절합니까.

이것은 비단 수행자에게만 요구되는 말이 아닙니다. 요즘은 세상살이가 예전같이 느슨하지가 않습니다. 심한 말로 하자면 눈감으면 코 베가는 세상입니다. 일반적으로 사람들은 사업 안되고, 대학 떨어지고, 취직하기 힘들고, 진급 안되고, 연애 안되고, 장가 가기 힘들고, 돈벌이 안되고, 몸 아프면 때론 팔자탓으로 돌리기도 합니다. 사주팔자나 따지며 팔자대로 노력하지 않고 그저 세상을 살아가는 것은 이 사회의 무서운 독이며 병이라 할 수 있습니다.

그러나 불교는 깨달음의 길, 복락을 누리는 길, 서방정토로 가는 길 등을 자상하게 제시하고 있습니다.

요즘같이 불로소득 때문에 팔자가 피어 똥오줌의 주머니인 몸뚱아리를 가꾸고 다듬는 사회풍토 속에 마약사범, 부동산 투기꾼, 놀음꾼, 각종 흉악범들에게는 싫은 소리지만 〈제법집요경〉에 이르기를

"방일하는 과실은 도와 어긋나 가르침의 다리를 끊으며, 착한 마음의 씨를 깨뜨리며, 온갖 망념을 이끌어낸다. 나쁜곳 즉 지옥·아귀·축생에 떨어지는 일은 방일에서 생긴다."

고 했으며 또한

"정진하는 힘 때문에 갖가지 일을 잘해서 다 이룰 수 있게 된다."

고 설하고 있습니다.

이것은 노력의 중요성을 설하신 말씀입니다. 또한 삼법인三法印중에 제행무상은 우리의 노력을 더욱 권장하고 있습니다. 모든 것은 항상함이 없으며 이 몸뚱아리도 잠시후면 죽음을 맞습니다. 인간의 몸 받기가 어렵다고 하였는데 짧은 이 생에 언제 깨달음을 얻겠습니까?

모두가 바쁘게 살고 있습니다. 그러나 한심한 사람은 '무상하고 허무하다.'는 식의 푸념과 자가당착의 괴변을 늘어놓으면서 때론 자살도 시도하니 얼마나 큰 죄를 짓는 것입니까.

그리고 노력의 대상에 대해 무엇을 어떻게 어디서부터 시작하는가의 목적성과 방법론이 없는 노력은 신기루를 쫓을 뿐입니다. 삶의 형태를 평가할 때 외형적인 것이나, 욕망의 덩어리에 비례하는 성공력의 행복은 진실이 아닙니다.

의상대사는 이렇게 말씀하셨습니다.

"一微塵中含十方,
티끌 하나에 온 우주의 이치가 다 들어있다"

저 넓은 창공만이 온세계가 아닙니다. 이 마음 작은 구석에 우주를 포함하는 무진연기의 진리가 있습니다. 직업이나 인간다운 욕망의 순서도 작은 것부터 아끼며 시작하는 철학이 필요한 것입니다. 지금 세상사람들은 너무 큰 것에만 집착하는 병이 들어있으며 그저 마음만 급합니다.

부처님께서 열반에 드시기전 마지막 설법인 〈유교경〉에 이렇게 이르셨습니다.

"만약 부지런히 정진하면 일에 어려움이 없을 것이다. 그러므로 너희들은 부지런히 정진하는 바 있어야 할 것이다. 마치 작은 물도 끊임없이 흐르면 능히 돌을 뚫은 것과 같아서, 끝없는 정진 앞에는 못 이룰 일이 없는 것이다."

禪慧 전통불교 문화원 원장

1952년 출생
1971년 해인사에서 일타 스님을 은사로 득도
1977년 사원전통제다법 전수자
1988년 한국불교전통 문화원 개설 · 원장
1991년 법륜왕사 창건 · (현재)

부처님이 오시는 길

부처님오신날이 눈앞에 다가오고 있습니다. 불자佛子들의 가슴에는 연등燃燈이 밝혀지고 온누리는 축복으로 가득합니다.

부처님은 지금부터 2633년전 룸비니 동산으로 오셨습니다.(올해가 불기佛紀 2534년인 것은 부처님의 입멸入滅로부터 년대年代를 기산(起算)했기 때문입니다. 탄생은 여기에 80년을 더 보태야 한다.) 그리고 매년 이맘때면 어김없이 우리들 앞에 다시 오십니다.

올해 부처님은 어떤 모습으로 오실까요? 코끼리타고 오셔서 권력있는 사람들과 영합해 부자동네 사람들을 모아놓고 더 많은

복을 줄테니 시주나 많이 하라고 하실까요, 아니면 권력을 잡기 위해 온갖 권모술수를 다 쓰면서도 자기만이 민주화民主化를 앞당길 사람이라고 고집부리러 오실까요? 그것도 아니면 세상의 모든 일에 초연한 척하면서 속으로는 가질 것 다 갖고 산중에 은둔하실까요? 아니면 시정에 파묻혀 술잔이나 비우며 아직 때가 아니라고 지껄이며 애들 재롱이나 지켜보며 소리없이 사실까요?

이쪽은 이쪽대로 저쪽은 저쪽대로 모두 그럴듯하니 이쪽과 저쪽에 모두 오실까요? 진실한 진리는 걸림없는 평등이라니 이쪽저쪽에 문어발 식으로 안 걸친데 없이 걸쳐놓은 채 이것도 저것도 모두 좋다면서 춤이나 추며 줏대없이 사실까요?

아닙니다. 정녕코 부처님은 그렇게 오시지는 않을 것입니다. 선과 악을 가리지 않고 적당히 얼버무리며 우유부단한 처세로 살지는 않을 것입니다. 부처님은 매우 선명하게 옳고 그름을 가리러 오실 것이며, 낮은 곳으로 오셔서 어려운 사람, 고통받는 사람을 도와 주실 것입니다.

누구에게나 부담없이 간격없이 다가서서 다정하고 자비한 모습으로 삶의 바른 지혜를 일러 주실 것입니다. 구속없는 대자유인大自由人이 되는 방법을 일깨워 주실 것입니다.

부처님은 이렇게 오실 것입니다. 모두가 진정한 밝음을 지니고 있음을 깨닫게 하여 시속時俗의 부침하는 명리에 굽히거나 머물지 않게 하기 위해 오실 것입니다. 산이 바다가 되고 바다

가 산이 된다 하더라도 변함이 없는 진정한 명리名利를 성취시키고자 오실것입니다

부처님은 이렇게 오실 것입니다. 어줍잖은 평등과 인과로 사람들을 우민화하여 어두운 현실에 안주케 하지는 않을 것입니다. 서럽게 서럽게 당하기만 하는 것을 숙명적 인과로 생각하지 않고 세차게 밀려오는 바람을 모아 물줄기를 돌리고 진정한 자유와 평등과 평화와 민주를 실현시키러 오실 것입니다.

권세있는 사람의 비위를 맞추기보다는 차라리 눈총과 질시를 받더라도 그것을 두려워하지 않고 억울하고 가난한 사람들의 편에서서 세계를 정토淨土로 가꾸는데 앞장서실 것입니다.

그러나 부처님은 또한 돈많고 권세있는 사람들을 결코 미워하지는 않을 것입니다. 그들도 모두 본래는 청정한 불성佛性을 지닌 여래이므로 필경에는 그들마저 부처이게 하기 위해 백방의 노력을 다할 것입니다. 살인자 앙굴마라, 똥푸는 사나이 니다이, 이발사 우파리, 돈많은 수다타, 권세있는 빔비사라왕, 심지어는 몸파는 유녀遊女까지 부처님은 버리지 않으셨으며 지혜와 자비가 충만한 불국정토佛國淨土로 인도하셨습니다.

부처님은 이렇게 오실 것입니다. 반목하지 말고 화해하며, 독식獨食하지 말고 나누어 먹으며 서로서로 돕고 살라는 가르침을 다시 한번 외치기 위해 오실 것입니다. 올해도 부처님은 이것을 일깨워주기 위해 우리에게 오실 것입니다.

高峰 서울 신림동 무애원 원장

1971년 출가 득도
1981년 서울 무애원 개원 및 원장(현재)
1982년 목공예 · 도예전 10여회 개최
1992년 불교방송포교사업기금 도예전

말 많은 불자 일하는 보살

요즘 사람들은 너무 똑똑해 탈입니다. 어른들은 물론이고 아이들까지 지나치게 영특합니다. 가끔 절에 오는 불자들 중에서도 깜짝 놀랄 정도로 아는 것이 많은 분이 있어 어떤 때는 꼼짝없이 법문을 들어야 됩니다. 한마디 한마디 바른 말만 하기 때문입니다.

대개 아는 것이 많은 사람들이 이야기할 때는 다른 사람에게는 말 한마디 할 기회조차 주지 않고 자기 할 말만 다 해버린 후 제멋대로 행동하기도 합니다.

좀 무례하다는 생각도 들지만 아는 것이 많은 사람의 특권이라 생각하고 이해하곤 합니다.

그런데 일을 할 때 보면 전연 다른 상황이 벌어집니다. 말잘하던 사람의 모습은 보이지 않고, 조금 어수룩해 보일 정도로 말이 없던 사람들이 앞장서 일을 하는 것을 볼수 있습니다.

이 분들은 나의 일, 남의 일을 가리지 않고 묵묵히 일만 할 뿐입니다.

말을 많이 하는 사람과 일을 많이 하는 사람은 그 표정부터 퍽 대조적입니다. 말을 많이 하는 사람의 경우에는 주위사람들의 관심을 끌려고 노력하지만 일을 많이하는 사람은 주위의 관심보다는 오직 하는 일에만 몰두합니다. 「일 삼매三昧」에 드는 것입니다.

이런 사람들은 아무리 좋은 일을 하더라도 말이 없고 상相을 내지 않습니다.

간혹 우리 주변에서 어렵고 궂은 일이 생겨서 사람들이 모두 꺼려하고 피하는 경우라도 이들은 절대 외면하지 않고 더 적극적으로 그러한 일을 돕습니다.

이 분들은 세상의 고통을 내 고통으로 생각하고 고통받는 사람들이 있는 곳만 찾아다니는 것같이 마음속 깊은 곳에서 「아, 보살님!」하는 소리가 절로 나옵니다.

실천보다 말을 많이 하는 사람들은 주로 큰스님들을 친견한다는데 그래서인지 아는 것이 많습니다. 아는 것이 많은 만큼

불사佛事를 할 때는 시주금을 듬뿍 내기도 하여 대중들로부터 「큰 보살님」이란 칭송을 받습니다.

그런데 이 큰보살님들은 이상하게도 어렵고 딱한 사람들의 사정에는 눈이 밝지 못합니다.

그 잘하는 말 한마디 보시할 줄 모르고 씀씀이 또한 인색하기 짝이 없습니다.

보살이 보리심을 여의면 보살이 아니고 중생을 외면한 보리심은 보리심이 아닙니다.

우리 주변에는 어둠 속에서 허덕이는 이웃들이 너무도 많습니다. 보이지 않는 먼 곳이 아닌 바로 우리 곁에서 괴로움에 신음하는 이웃들이 지옥중생과 무엇이 다르겠습니까.

따뜻한 곳에 사는 사람들은 추위에 떠는 사람들의 고통을 잊기 쉽습니다. 배부른 사람은 굶주린 사람의 아픔을 모르고, 유식한 사람은 무식한 사람의 답답함을 모릅니다. 그들은 자기 마음대로 말하고 행동합니다.

그러나 사람들은 다시 한번 곰곰이 생각해 보았으면 합니다. 이웃의 고통은 바로 똑똑하고 잘난 사람 때문에 생기는 것은 아닌지, 내가 덜 똑똑하고 덜 갖고, 덜 세도를 부린다면 그만큼 우리의 이웃은 덜 고통스러울 것입니다. 〈유마경〉에

"중생이 병들면 보살도 병든다."

고 한 것은 이같은 마음가짐을 표현한 것입니다.

진정한 자비란 타인他人에 대한 동정이 아닙니다. 이웃과 내가 둘이 아니므로 자비하지 않을 수 없는 것이 보살의 마음입니다. 이러한 보살의 마음은 연꽃과 같은 마음입니다.

마른 땅은 오히려 피하고 어둡고 습한 곳에서 아름답게 피는 연꽃같은 마음입니다.

연꽃같은 마음으로 부처님께 공양올리듯 이웃에게도 공양을 올린다면 이보다 더 아름다운 공양은 없을 것입니다.

雪靖 수덕사 회주

1944년 출생
1955년 수덕사에서 원담스님을 은사로 득도
1978년 수덕사 주지
1986~95년 제8 · 9 · 10 · 11대 중앙종회 의원
1995년 중앙종회 의장
불교방송 이사

아만심을 버리라

세상사람들이 바라는 것은 뭐니뭐니해도 출세입니다. 조금이라도 더 높은 자리에 앉고 싶어하지 않는 사람은 없습니다.

남보다 더 높은 자리 최고의 자리에 오르면 누군가에 의해 떠밀려 떨어질 위험이 따릅니다. 그러나 정상에서 굴러떨어지는 이유가 꼭 남 때문만은 아닙니다.

어떻게 보면 자신을 노리는 악인이란 실은 자기 자신일 수 있습니다. 무리를 한다든가 의리를 모르는 행동을 자신도 모르는 사이에 거듭하다 보면 그것이 화근이 되어 자신을 망치게 되는 경우가 더 많습니다.

한마디로 정상에 오른 사람이 자신을 망치는 것은 겸손이 부족하기 때문입니다. 남의 말에 귀기울이지 않고 자신만이 최고라고 믿는 오만방자에서 실수가 생기고, 그 실수가 파멸을 부릅니다. 그래서 부처님은 〈존중경〉에서 겸양과 하심下心이 지혜를 이루는 방편이라고 가르쳤습니다.

"공경하지 않는 자는 큰 고통이 따른다. 예의가 없고 남의 뜻을 두려워할 줄 모르면 도리에서 멀어진다. 공경할 것이 있어 예의가 있고 순종하면 의롭고 안락하게 지낼 수 있다. 이 세상 사람중세서 나보다 나은 사람이 있다면 그를 존중하고 공경하고 받들어 섬기라."

존경심이 없고 두려워하지 않는 마음을 불교에서는 아만심我慢心이라 합니다. 아만심이 있는 한 현실을 바로보고 지혜롭게 대처할 수 없습니다. 내가 최고라는 자만심이 판단을 그르치게 합니다.

〈법화경〉에 나오는 상불경보살常不輕菩薩은 이러한 어리석음을 극복하기 위해 항상 남을 가볍게 보지 않고 공경하는 것은 모두 부처님이 될 분이기 때문입니다.

〈법화경〉의 의도는 이 보살을 통해

"일체중생이 다 부처님이 될 성품을 가지고 있다.
一切衆生 悉有佛生"

는 사상을 표현하는데 있지만 여기서 주목할 것은 상불경보살의 겸손입니다. 그는 겸손을 통해 최고의 지혜를 얻고 있으며 그로인해 존경을 받게 되는 것입니다.

겸손하다는 것은 감사하고 두려워할 줄 안다는 것을 의미합니다. 늘 살얼음을 밟듯 조심하는 사람은 여간해서 실수를 하지 않습니다. 자기자신을 제대로 보아가며 사는 사람이 파멸하는 경우는 극히 드뭅니다. 만약 파멸을 한다면 잠시라도 마음을 느슨히 했기 때문입니다.

물론 우리는 인간이기 때문에 무의식 중에 엉뚱한 행동을 할 수도 있습니다. 이점을 안다면 언제 범할지 모르는 작은 실수에 대비해 남몰래 사소한 착한 일이라도 쌓아가야 합니다.

"남이 하기 싫은 일을 자신이 먼저 하게되면 그것이 공덕이되어
어려운 일을 당했을 때 보이지 않은 힘이 된다.
積善之家心有慶"

즉 착한 일을 많이 한 사람에게는 반드시 기쁨이 있다는 말이 바로 이것입니다.

사실 사람들은 어렸을 때 부터 이런 마음가짐을 배우고 그 마음을 유지하려고 애씁니다. 그러나 세상을 살다보면 어느새 그것을 잊고 남에게 겸손하고 착한 일을 하기보다는 오만하고 악한 일을 서슴없이 하는 수가 많습니다. 그러다가 일이 결정적으로 잘못되면 세상을 싫어하고 남을 원망하게 됩니다. 감사하는 마음을 잊고 세상탓 친구탓 선배탓으로 자신의 허물을 전가하려합니다.

높은 산을 오르려는 사람은 정복하겠다는 오만보다는 겸손한 마음을 먼저 가져야 합니다. 겸손을 잃어서 조난당한 예는 얼마든지 있습니다.

정상에 이른 사람도 마찬가지입니다. 최고라는 우월감에 사로잡히는 순간이 곧 천길 벼랑으로 나락하는 순간입니다. 정상에 오르려거나 정상을 지키려는 사람은 먼저 겸손하기를 배워야 합니다.

性空 부산 안양사 주지

신 · 해 · 행 · 증의 길

사람은 누구나 믿음을 갈구하고 그 믿음의 대상으로 종교를 선택합니다. 또한 아무것이나 믿는다고 해서 종교일 수가 없으므로 자신과 사회를 올바른 방향으로 회귀시켜주는 종교를 선택하고자 하는 것이 모든 사람의 기본적 심리입니다.

〈법화경〉 28품 가운데 제4경에 신信 · 해解 · 행行 · 증證이란 말이 나옵니다. 불법을 믿고 불법을 잘 이해하며 불법대로 수행하여 그 과果를 깨닫는다는 것입니다.

잘못된 지팡이를 짚으면 더 큰 화를 초래하듯 정도를 걷기 위해서는 바른 법이 뒷받침 되어야 합니다.

더군다나 「종교의 자유」라는 법률적 보장제도안에서도 우리가 바른 종교를 선택하기가 쉽지 않을뿐더러 그 종교의 가르침대로 실천하기란 더더욱 어려운 것입니다.

이에 대해 부처님의 금구성언은 우리에게 던져주는 교훈이 무척 지대하다 하지 않을 수 없습니다. 팔만대장경 어느 한구절을 더 좋다고 가릴 수 없을 정도로 첩첩이 보약 효과를 내는 것이 부처님 말씀입니다.

그 팔만대장경을 총망라하여 네가지의 줄거리로 분류하면 신信 · 해解 · 행行 · 증證으로 지적될 수 있습니다.

먼저, 신信이란 믿는 마음이 바르고 견고해야 합니다. 이는 우선 쌀이 좋아야 밥을 하든 죽을 쑤든 맛이 있고, 지반이 견고해야 높은 건물을 지을 수 있는 것과 같습니다.

따라서 믿는 마음은 도道의 근원이 되고 공덕의 어머니가 되며, 일체 선근을 증장하고 의심의 그물을 제거하게 되며, 위없는 열반의 길을 열어보이게 한다는 것입니다.

그러나 믿음은 만법의 기반이 되기는 하지만 결과가 동시에 성취되는 것은 아닙니다. 튼튼한 지반이 집 자체가 아닌 것과 같이 집을 짓기 위해선 세밀한 설계와 기술이 뒤따라야 합니다.

「지지일자知之一字가 중묘지문衆妙之門이라.」 알 지知자의 한자가 여러 가지 문門의 문이 된다고 했습니다. 불법을 배우고 아는데는 여러 가지 차이가 있습니다.

등잔불 아래 살던 시대의 사람과 전기불 시대의 사람과는 그 시대적 가치가 방편적으로 다르게 마련입니다. 그 시대의 가치관을 활짝 밝혀주는 것이 불교 자체이며 또한 해解입니다. 알고 믿게 될 때 그 신앙은 바르고 밝을 수 밖에 없는 반야바라밀입니다.

그 다음은 행行입니다. 아무리 신심이 깊고 내용이 좋아도 실행이 없으면 아무런 것도 기대할 수 없게 됩니다.

옛날 중국의 배휴裵休라는 재상이 황벽희운黃檗希運선사를 찾아가 불법의 대의를 물었습니다. 그때 선사는

諸惡莫作 衆善奉行
自淨其意 是諸佛法

모든 악을 짓지 말고 선을 받드러 행하라.
스스로 마음을 깨끗이 하는 것 이것이 곧 불교의 법이니라.

이라 했습니다. 이에 「배휴」는 '그런 말은 세살먹은 어린 애도 알 수 있다' 고 말하니 희운선사는 세살 먹은 아이도 말로 할 수 있지만 팔십먹은 노인이라도 실행하기는 어렵다고 대답했습니다. 이 말에서 살펴 볼 수 있듯 말보다 실행이 어렵다는 것을 알 수 있습니다.

앞에서 말한 신信 · 해解 · 행行의 세가지만 갖추게 되면 결과는 자연성自然成이라, 성취되게 마련입니다.

우리사회의 각계에서는 지식은 월등하나 노력이 뒤따르지 않고 계획은 치밀하게 잘 세우나 실천이 뒷받침되지 않는 이유로 겉만 요란하고 현란함을 자주 보이고 있습니다.

현재 우리들이 계획하고 있는 모든 일들이 유종의 미와 성과를 거두기 위해서는 부처님의 이같은 말씀을 깊이 되새겨 불자들은 좋은 모양을 갖추기에 앞장서야 할 것입니다.

性光

1947년 출생
1980년 통도사에서 태응스님을 은사로 득도
1987년 대한불교 정통회 창립
1991년 수지 관음사 · 강원 지장사 창건

如實知見을 갖자

"이 법은 바로 볼 수 있는 것, 때를 격隔하지 않고 와서 보라고 말할 수 있는 것, 사람이 곧 체득하여 깨달을 수 있는 것이다."

부처님이 〈숫타니파타〉에서 진리法란 어떤 것인가를 설명한 말씀입니다. 그것은 존재의 실상을 여실如實하게 지견知見해야 한다는 것입니다.

당나라의 시인 이태백이 달을 너무 사랑한 나머지 달그림자를 안고 물에 빠져 죽은 것은 달이 있는 그대로의 모습을 여실히 보지 못하였기 때문입니다.

사람들도 이와같아 현실속에 숨어있는 그래서 절대적 법으로 작용하는 삶의 겸손함을 깨닫지 못합니다.

사람들은 무엇인가를 추구하면서 살아갑니다. 자신의 이상과 욕망을 그리고 그것을 위해 어떠한 댓가도 불사하리란 대단한 이기심을 키우고 있습니다. 사람은 각자가 제각기 다른 근기와 성품에 따라서 성공도 하고 실패도 합니다.

그러나 어느 누구도 결과에 만족하는 사람은 드뭅니다. 그러므로 현재에 이룩된 모든 것에 대한 영원성을 고집하고 그것을 지키기 위해 불안해 하며 상대적으로 보다 많은 것을 가지려 합니다.

어떤 일이든 반드시 노력한 만큼의 결과를 얻기 마련입니다. 그리고 이루어진 것은 허물어 진다는 평범한 이치를 깨닫기 까지에는 많은 시간과 희생이 따릅니다.

현재 이루어진 모든 것에 대한 강한 집착이 보다 더 많은 것을 갖기를 충동질합니다. 미래에 대한 보장을 현실에서 보상받으려는 강한 욕구가 상대적으로 가진 자와 못가진 자의 현격한 격차를 점점 더 심화시키고 있는 것입니다. 이렇게 야기된 계층간의 갈등은 사필귀정事必歸正의 당연한 논리에 의해 인과응보因果應報로써 결론 지어집니다.

달동네 사람들은 그리움과 서러움을 함께 가지고 달을 바라봅니다. 그리고 한숨섞인 목소리로 달에게 이야기합니다. 그들에게 달은 항상 포근하고 따뜻한 그들의 마음의 고향이요 휴식처이기 때문입니다.

설악산 백담사에도 달이 떠오릅니다. 한 나라를 쥐고 흔든 절대권력자가 이제는 해저문 들녘의 나그네가 되어 한칸 승방을 빌어 피곤한 육신을 누이고 있습니다. 그의 마음에 비친 달은 어떤 것일까요? 그에게도 이젠 경멸하는 과거의 어두운 그림자가 오묘한 달빛에 물들어 버렸을 것입니다.

달동네 사람들과 같이 마음의 고향을 발견했을 것입니다.

이 땅에 민주주의가 토착화 되려면 아직도 많은 시련을 겪어야 될 것 같습니다. 이 나라 헌정사를 되돌아 볼때 과연 누가 민주주의를 행했는가를 생각해 봅시다. 정치가, 학생, 군인, 소수의 재벌도 아니고 다수의 서민대중도 아닙니다.

민주주의란 서로 무엇을 요구하는 것이 아닙니다. 스스로 갖추는 것입니다.

그것은 특별한 정치적 이데올로기가 아닙니다. 그리고 정작 민주화가 필요한 사람은 그것이 무엇인지 모릅니다. 그래서 그들은 휩쓸리고 매도당하고 버림받고 이용당하고 있는 것입니다. 소수인이 사용하는 특별한 민주주의가 그렇습니다.

진정한 민주화란 평등한 우리의 성품을 깨닫고 거기에서 생기는 무궁한 지혜로써 포용력을 가지고 화합함으로써 이루어질 수 있는 것입니다.

이것이 곧 체득하여 깨달을 수 있는 보편적인 진리입니다. 오늘 우리시대가 가지고 있는 아픔을 정확히 진단해 냄으로써만 그 상처는 치유될 수 있습니다.

그리하여 우리 모두가 평등하고 복되게 살기 위해 바로 볼 수 있는 여실지견의 힘을 길러야겠습니다.

聖道

1945년 출생
1962년 파계사에서 혜정스님을 은사로 득도
1976년 총무원 사서실장
1980년 법주사 동암선원 창건
1985년 미국LA 평화사 창건
1990년 미국서부 불교승가회 회장
(현재)법주사 동암선원 주지

심신이 조화로운 삶

과학문명의 발달은 인간생활의 편리를 가져왔습니다. 거리에 넘치는 자동차의 물결, 보턴 하나만 누르면 해결되는 취사炊事, 안방까지 세계 구석구석 소식을 전해주는 TV등 현대는 과거 1백년 전 까지만 해도 상상할 수 없는 물질적 편리함으로 가득합니다.

이제 사람들은 이러한 편리한 이기利器들이 없이는 한시도 살 수가 없게 됐습니다. 어느면에서는 편리를 위해 개발된 문명기기들에 인간이 종속화 된 것이 아닌가하는 생각이 들 정도입니다.

사회학자들은 현대의 과학문명이 인간으로부터 일을 빼앗아 감으로써 노동으로부터 소외되고 있다고 지적하고 있는 것도 이런 이유 때문으로 보입니다.

사람이 모든 일을 기계에 맡겨버리면 자연성과 인위성의 조화가 이루어지지 않습니다. 인간에게 자연성이 박탈될 때 남는 것은 이해 관계밖에 없습니다.

숫자와 이익에만 민감하여 정신적으로 항상 긴장하고 초조하고 불안할 수밖에 없게 됩니다. 현대를 휩쓸고 있는 경쟁의식, 편리추구, 물신주의物神主義는 과거에는 보도 듣도 못하던 새로운 정신병을 유발시키는 요인이 되고 있습니다.

현대의 기계문명은 정신질환 뿐만 아니라 인간이 자연적으로 하게 되어 있는 신체적 활동마저 제한시킴으로써 육체적 건강의 약화까지 초래하고 있습니다.

인간의 신체는 매일 적당한 운동량이 필요합니다. 그런데 모든 것을 기계에 맡겨버림으로써 신체적 부조화와 이로 인한 질병이 또한 심각한 양태로 나타나고 있는 것입니다.

현대인이 겪는 이러한 정신과 육체의 질병과 부조화 현상은 심신을 적극적으로 단련함으로써 극복할 수 밖에 없습니다.

정신과 육체를 함께 단련하는 방법으로 불교의 선문禪門은 오래 전부터 무도武道를 실시해 왔습니다. 선문무도禪門武道는 일찌기 정신禪에만 치우쳐 신체적 장애를 일으키는 위험을 제거하기 위해 근육을 단련시키는 무도적 방법을 함께 수련함으로써 깨우침에 나갈수 있도록 하는 방법입니다.

그러나 이 무도의 기법技法은 잘못 사용하면 생명을 위협하기 때문에 자리이타自利利他의 방어호신용으로만 사용하도록 제한하고 있는 것이 특색입니다.

선문禪門에서의 무도수련은 궁극적 진리에 대한 깨침을 위한 신체적 여건을 마련하는데 있습니다.

정신과 육체가 함께 건강한 상태가 되는 것이 불보살의 경지인 것입니다.

선문무도禪門武道의 중흥조인 중국 남송南宋시대의 각원覺遠 선사는 십계율十戒律을 정해 수련하는 사람들을 깨우치고 있습니다.

이에 의하면

"선문무도를 배우는 자는 강건한 몸과 정신을 키우기 위해서다. 스승의 가르침에 따라 배우되 제멋대로 겨루기를 해서는 안된다."

고 (제1조) 강조했습니다. 즉 대립 · 경쟁의식이나 행동에 대해 주의 시키고 있습니다. 또

"승부겨루기에 마음을 내지 말라.

戒恃强勝之心"

고 하면서 경쟁심과 승부욕을 자제토록 했습니다.

기술의 우열, 경쟁심, 승부욕은 현대인의 병입니다. 아파트의 규모, 지위의 고하, 수입의 다소를 경쟁하는 마음, 다시말해 물질적 경쟁으로 인생의 승부를 결정한다는 식의 잘못된 생각도 도처에 가득합니다.

더 많이 차지하고 높아지는 것이 물질적 승부에서 이기는 것이라면 인간은 야수가 되는 수밖에 없습니다.

인간이 편리를 추구하고 잘살려고 하는것은 동물이 되기 위해서가 아닙니다. 정신과 육체 어느 한 부분이 불구가 되는 것도 행복한 삶이 아닙니다.

평온한 마음 건강한 몸이 조화를 이루면서 이상을 추구하는 삶, 진정한 행복은 여기에 있음을 인식해야 할 것입니다.

聖法

1948년 출생
1965년 해인사에서 혜암스님을 은사로 득도
1994년 조계종 원로회의 사무처장
1995년 해인사 주지
2006년 진주 호국사 주지(현)

大願성취의 방법

인간의 존재가치는 미래 지향적인 소망에 있습니다. 숨막히는 현실속에서 감당할 수 없는 좌절과 고통을 겪으면서도 내일의 장미빛 희망이 있기 때문에 꿋꿋하게 살아갈 수 있습니다.

장발장이 빵 한 조각을 훔친 죄 때문에 14년이나 기다렸던 것도, 빠삐용이 불굴의 투지로 수용소 탈출을 포기하지 않았던 것도 모두가 미래를 향한 한가닥 희망 때문이었습니다.

며칠전 읍내에서 젊은불자가 찾아 왔습니다. 부자가 될수 있게 기도좀 열심히 해달라고 부탁해왔습니다. 어이없는 주문이었지만 스님이 기도만 하면 무엇이든지 다 이루어지는 줄 아는 그 순진한 어리석음앞에 오히려 승려인 내 어깨가 무거움을 느꼈습니다. 부처님의 말씀대로 한다면 이 세상에는 처음부터 가난한 사람도 부자도 없다고 말해줬습니다.

누가 가난하게 또 부자로 만드는 것이 아니라 중생이 자업자득으로 부자가 되는 업業을 닦기도 하고 빈자貧者의 과果를 만들어 가는 것이라고 일러줬습니다.

그래서 젊은 불자에게 부자가 되고 싶으면 스님의 기도도 중요 하지만 본인 스스로가 부자되는 원력願力을 세우라고 했습니다.

옥이 있어도 다듬지 않으면 그릇을 만들 수 없고 사람도 배우고 노력하지 않으면 도를 알 수 없는 것처럼 무엇을 하겠다는 지극한 원력과 그 원력을 성취하려는 노력이 없으면 한가지 소원도 이룰 수 없는 것입니다. 원력이 있는 곳에 불보살의 가피가 있다고 하였습니다.

그러므로 부처님도 옛날 보해범지로 계실 때 보장여래 부처님 앞에서 5백 대원大願을 세웠고, 아미타불은 법장비구로 있을 때 세자재왕 부처님 앞에서 48원을 세웠던 것입니다. 과거 모든 부처님과 보살도 이렇듯 위대한 원願을 세워서 영겁으로 윤회를 하면서도 초발심을 버리지 않았기 때문에 부처가 될 수 있었던 것입니다.

오늘 우리 주변에는 황금만능의 세태 때문에 노력하지 않고 하루 아침에 일확천금을 꿈꾸는 사람들이 많습니다.

누가 부자가 되고 싶지 않은 사람이 있겠습니까. 세간을 살아가노라면 재산이 필요는 하겠지만, 지나친 욕심은 자신을 영원히 병들게 할지 모릅니다. 부처님의 49년 설법은 중생의 탐진치를 자제케 하고 오욕락의 노예가 되는 어리석음을 자각케 하기 위해서였습니다.

원력은 순수해야 합니다. 이기적인 욕망이나 어리석은 마음에서 무엇을 이루고자 할 때는 대부분 자신의 부富와 명예 그리고 영화를 바라보느라 눈이 어두워 수단과 방법을 가리지 않게 마련입니다.

그렇게 해서 이룬 원력 뒤에는 업業이라는 무거운 짐이 지워집니다. 목적을 위해 수단과 방법을 가리지 않다보니 비리와 결탁하여 이웃을 아프게 하거나 사회를 어둡게 합니다.

옳지 않게 얻은 영화로움의 댓가로 반드시 업고業苦를 치러야 한다는 철칙을 아는 사람은 누구도 인생의 적자 손익계산서를 만들려 하지 않을 것입니다.

나와 이웃이 함께 행복할 수 있는 원력을 세웠으면 그 다음엔 땀 흘려 노력해야 합니다. 입으로 열번 백번 발원해도 실천이 없으면 그 발원은 공중 누각이며 그림의 떡일 뿐입니다.

또 내 밥상은 내가 받아야지 누가 대신 먹어준다고 내 배가 부를리도 없습니다.

부처님께서는 게으름을 경계하시는 가르침으로 〈별역잡아함경〉에서 이렇게 말씀하셨습니다.

"모든 중생들은 저마다 이익을 위해 각각 마음속에 하고 싶은것 따르니 땀흘려 노력하는 자만이 그것을 얻으리라."

노력은 수행자에게 있어서나 우리 일반인에게 있어서나 일상의 모든 행동에 있어 필요한 것입니다. 노력하는 사람만이 성공할 수 있다는 인과응보의 이치를 깨달아야 하겠습니다.

性法 남한산성 망월사 주지

1929년 출생
1953년 지장암에서 본견스님을 은사로 득도
1968년 대만 문화대 동양철학과 졸업
경주 법장사 · 김천 관음사 주지
1983년 한일불교친선협회 한국대표

1

悲·智·願의 실천

불타佛陀란 말 속에는 여러 가지 뜻이 함축되 있습니다. 깨달음을 부처라 하는 것처럼 불타의 의미 중에는 자각自覺 · 각타覺他 · 각만覺滿의 세가지 뜻이 있습니다.

자각이라 함은 내가 스스로 깨닫는 다는 것이요 각타라 함은 내가 깨달은 실력으로써 남을 깨치게 함이니 일체중생을 교도하여 평등케 함입니다. 각만覺滿이라 함은 자각각타가 원만구족하여야 비로소 삼계의 도사가 되고 사생의 자부가 될 자격을 갖추게 된다는 것입니다.

"위대하신 시방十方의 부처님들께서는 끝없는 대자비로 여러 큰 서원을 일으켜 세우시어 온갖 중생을 제도하신다."

<六菩薩通特經>

종교인이 된 우리는 이러한 말씀처럼 일체중생을 깨달아 알게하겠다든 신앙관과 번뇌무지의 장애를 끊고 보시 열반의 좋은 과果를 증득하겠다는 신념을 가져야 하겠습니다.

그러나 오늘의 불교현실은 철저한 신앙으로써 철두철미하게 중생교화에 노력하는 이가 드문 것 같아 안타깝습니다.

불교가 부진한 원인을 여러 가지로 생각해 볼 수 있으나 중요한 것은 확고부동한 신앙태도를 가지고 활동하는 이가 적기 때문으로 생각합니다.

금일에 있어서 불법을 흥융시키려면 원효元曉 · 의상義湘과 같은 대신념과 염촉厭髑 · 의천義天과 같은 대신심과 서산西山 · 사명泗溟과 같은 대신앙을 가진 사람이 속속 배출되 나와야 할 것입니다.

불교인다운 불교인이 되려면 바른 신앙관을 확립하여야 합니다. 이것이 나의 지론입니다. 그런 연후에 삼대심三大心을 발해야 합니다.

세가지 큰 마음이라 함은 대비심과 대지심과 대원심을 일컫습니다. 불교에서는 이를 비悲 · 지智 · 원願 삼심三心이라 하여

보살행의 근본으로 삼습니다.

첫째, 대비심이라 함은 일체중생이 생사고해에 윤회하여 중생고를 받고 있음을 불쌍히 여기시고 이를 구원코자 하는 마음입니다. 이처럼 대비심이 있는 것을 불심이라 하고 대비심과 동정심이 없는 것을 귀심鬼心이라 합니다.

적어도 부처님의 마음을 배우고 불도를 행하고자 하는 불교인은 이와같은 대비심과 동정심을 가져야 합니다. 모든 보살은 다 대비심을 표현합니다.

관세음보살은 32응신應身과 14무외력無畏力과 천수천안으로 모든 중생에게 발고여락을 행합니다. 지장보살은 보시를 행할 때까지도 있는대로 나누어 주고 마지막엔 자기가 입고있는 옷까지도 벗아줘 벗은 몸을 감출 데가 없어서 땅을 파고 땅속에 몸을 감추었다 하여 지장地藏이라 합니다.

탈의입지호지장脫衣入地號地藏, 얼마나 거룩한 자비행입니까. 허공장보살은 자기가 몸을 감추고 은신할 땅까지도 없어서 허공에 몸을 감췄다고해 허공장이라 했습니다.

이러한 보살들이 역사적 실재인물이냐 아니냐 함은 중요한게 아닙니다. 그같은 보살행의 마음가짐이 중요한 것입니다.

둘째로 대지심大智心은 일체중생으로 하여금 법희法喜의 즐거움을 얻게 함입니다.

인연의 진리를 명찰明察하여 지혜의 눈이 허공과 같고 변재가 바다와 같은 지증智增보살, 문수보살과 같은 지혜의 힘을 갖추어야 겠습니다.

셋째로 대원심大願心이라 함은 사홍서원에 의해 무상보리의 마음을 발하고 상구보리 하화중생하겠다는 원심願心입니다. 보현보살은 만행을 무궁하게 닦기를 원하였거니와 자신이 세운 열가지 원을 철저히 수행한 인물로 정평나 있습니다.

우리는 보살의 정신을 공문空文으로 보지말고 다만 한 가지라도 착실히 실행했으면 하는 바람이 간절합니다.

2

욕망의 끝

부처님께서 말씀하셨습니다.

"사람이 욕망을 따라 이름을 구하지만, 이름이 드러날 때쯤이면 몸은 이미 죽고 만다. 세상에서 이름만을 탐하고 도를 배우지 아니하면 헛되이 몸만 피로하게 될 것이다. 마치 향을 태우면 처음에는 향내를 맡고 좋아하지만 향이 다 타고나면 몸을 위태롭게 할 불火만 그 뒤에 남아 있는 것과 같다."

이와 같이 부처님은 이름과 명예를 구하는 일이 얼마나 헛된 일인가를 설파하고 계십니다.

금수禽獸는 이利는 탐하되 명예를 탐하지 않지만, 사람은 그 두 가지를 모두 탐합니다. 공자孔子는 "이利를 버리고 명예를 존중하여 성명을 죽백竹帛에 달아 후세에 이름을 전하라."고 하였습니다. 이것은 사람들에게 금수와 같은 이욕利慾을 버리고 인간다운 인간이 되라고 가르치시는 것입니다.

사람이란 학문과 수신修身을 통해 완전한 인간이 되어 가는 것이지만 그 중에는 분수밖의 명예를 탐하여 갖가지 악행을 저지르고 악업을 짓는 사람도 적지 않습니다. 이런 사람은 선행으로 이름을 남기려는 것이 아니라 수단과 방법을 가리지 않고 어떻게든지 명예를 구하겠다는 터무니없는 욕심을 서슴없이 내기도 합니다.

부처님께서는 이利는 말할 것도 없고 명예마저도 버리라고 하였습니다. 세속적인 탐욕심은 물론 '나' 라고 하는 것조차도 버리고 도를 깨우쳐 보살이 되고 부처가 되라고 가르치셨습니다.

세속의 명예란 한낱 헛된 것임에도 불구하고 세상 사람들은 항상 명성과 명예를 구하고자 합니다. 사람들이 이처럼 평생 명성과 명예를 얻는 데만 급급해 할 뿐 진실한 도를 배우지 않고 닦지 않는다면 설령 한때 명성을 얻었다 해도 그것이 세간에 드러나게 될 때쯤이면 자신은 이미 이 세상 사람이 아닌 죽음 저 편에 서 있게 되는 것 입니다.

그것은 결과적으로 아무 것도 남기지 못한 것이 될 뿐만 아니라 공덕조차도 없어 공功을 생각한 나머지 모양形을 괴롭히는 것과 같고 헛된 명성과 명예를 위해 뼈아픈 노력을 기울인 것과 다르지 않습니다.

이는 마치 향을 태우면 한때는 참으로 아름다운 향내를 맡으며 즐길 수 있으나 그러는 사이 향이 모두 타버리고 나면 뒤에는 불씨와 재만 남는 것과 같다고 할 수 있습니다.

지금 우리들도 이와 같이 명성과 명예만을 소중히 여겨 탐욕을 버리지 못하거나 한때의 향내에 취해 도를 배우지 않는다면 몸이 멸한 뒤에 남는 것은 아무 것도 없고, 탐욕의 뿌리는 다 타고 남은 불처럼 자신과 세상을 위태롭게 할 것입니다.

예나 지금이나 이 병에 걸린 사람들은 세간 · 출세간을 막론하고 적지 않습니다. 그것이 헛된 것임을 생각하면서도 집착을 버리지 못하고, 몸을 위태롭게 하는 마의 불씨인 줄 알면서도 그것에서 떠나지 못합니다. 버리기 어려운 오욕五慾의 하나이기 때문입니다. 부처님께서는 그것을 경계하고 삼갈 줄 알아야 한다고 가르치고 계신 것입니다.

性愚 전 불교TV 방송국 사장 현대불교 발행인

1943년 출생
1963년 파계사에서 고송스님을 은사로 득도
1971년 대한 불교신문 주관 · 현대불교 발행인
홍콩 홍법원 원장
1995년 대구 파계사 주지
2006년 현재 불교TV사장

바른 믿음의 공덕

일찌기 석가모니 부처님께서는 깨달은 눈으로 중생을 볼 때 참으로 애달픈 마음을 가지셨습니다. 본래 구족하여 모자람이 없는 지혜와 복덕을 지녔지만 그 만분의 일도 제대로 쓰지 못하고 있으니 얼마나 안타갑게 여기었을까요.

스스로 괴로움에 살고 있지만 무엇이 어떻게 되어 괴로움에 살고 있는지 그 근본을 몰라 허둥대고 있는 중생들에게 분명히 삼독심三毒心이 괴로움의 원인이라고 말씀하셨습니다.

사람 사는것은 예나 지금이나 다를 바가 없습니다. 그러나 오늘날은 너무 복잡한 사회구조 때문에 오히려 신앙심이 더욱 필요합니다. 왜냐하면 어떤 상황, 어떤 환경에서도 사람이 행복하게 살아야 하기 때문입니다.

사람이 살아야 하는데에는 그 마음자리가 어떻게 놓여 있나 하는 것과 관계가 있습니다. 마음은 얼마나 행복하게 살 수 있나 하는 열쇠이기도 합니다. 마음을 제자리에 반듯이 놓이게 하기 위해서는 신앙심을 키워야 합니다. 〈아함경〉에

"만약 사람이 신앙심이 없다면 사공없는 배를 타는 것과 같고 임자가 없는 말을 타는 것과 같아 구렁에 떨어지고 참호에 떨어지느니라."

고 하였습니다. 신앙이란 삶의 지표입니다. 올바른 삶의 지표는 행복의 곳간으로 들어가는 초대장이기도 합니다.

그런데 반듯한 마음자리를 위해 신앙을 가꾸는 데는 무엇보다도 제일 중요한 것이 믿음입니다. 종교를 초월하여 믿음은 아무리 강조 하여도 오히려 모자라기 마련입니다.

그래서 경전은 '믿음은 진리의 으뜸이고 공덕의 어머니' 라고 말씀합니다. 또한 믿음은 '일체의 착한 법을 크게 기르며 의심의 그물을 끊어버리고 애욕을 초월하여 열반의 무상도를 열어 보이게된다.' 고 강조하기도 합니다.

그런 믿음을 일으키어 부처님께서 말씀하신 참된 뜻을 만에

하나라도 체득한다면 그는 행복한 삶을 누리는 사람이라 할 수 있습니다.

아무리 좋은 음식이라도 먹지 않으면 배가 부르지 않고, 아무리 좋은 예술이라도 그것을 볼 심미안審美眼이 없다면 예술은 존재가치가 없습니다. 마찬가지로 부처님의 설법이 아무리 위대하다 해도 우리가 몸소 실천하지 않으면 무용지물 입니다. 믿음이 없기 때문에 실천이 없을 수 밖에 없는 것입니다.

오늘날은 다양한 가치가 홍수처럼 범람하는 시대입니다. 무엇이 옳고 그른지 판별하기가 더욱 힘들게 되었습니다. 따라서 진실한 믿음에 의한 신념이 더욱 확고하여야 합니다. 부처님 설법의 근간을 이루는 인과因果만하더라도 그 인과를 확실히 믿는다면 어찌 마음자리가 산란하며, 행동이 거칠수 있겠습니까.

설령 다음 세상이 있다손치더라도 이 세상은 유한有限합니다. 그 유한한 시간안에 지난 세상의 업보를 삭히고 새로운 좋은 인연을 심어 보다 행복한 삶을 누려야 합니다.

번뇌를 번뇌로 둘게 아니라 번뇌를 보리菩提로 바꾸어 놓는 일 또한 누가 해 주는게 아니고 바로 내 스스로 실천하여야 할 덕목德目입니다.

부처님 말씀을 실행하여 겨자씨 만큼이라도 참된 맛을 체험한다면 그는 영원한 행복을 얻는 자이며 언젠가는 부처님과 같은 큰 지혜를 얻을 수 있을 것입니다.

聖雲 서울 三千寺 주지

1951년 출생
1963년 법주사에서 월탄스님을 은사로 득도
1981년 은평구 사암연합회 회장(현)
서울구치소 종교교화위원장(현)
조계종 사회부장 · 조계사 주지
1989~2000년 사형폐지 협의 공동의장
1994년 사회복지법인 인덕원 대표(현)
1999년 시립 은평노인종합복지관 관장(현)

외면할 수 없는 이웃

현대인은 거리개념이 없는 시대에 살고 있습니다. 서울과 부산은 일일생활권으로 묶여졌고 안방에 앉아서 지구 반대편의 소식을 건너마을 일처럼 소상히 알 수 있습니다. 「지구촌 가족」이란 말이 실감나는 세상입니다.

그렇지만 지리적 거리개념이 없어졌다고 사람 사이의 「심정적 거리」가 좁혀 졌는가는 의문입니다. 진실을 말한다면 사람과 사람사이의 심정적 거리는 도리어 멀어지고 있다는 느낌입니다.

현대인들은 자기 일과 남의 일을 마치 두부 짜르듯 냉정하게 한계를 긋고 있습니다. 다른 사람에게 자신의 일을 간섭 받으려고도 않습니다. 길거리에 어린아이가 넘어져도 자기자식이 아니면 모른척하고 지나기가 예사입니다.

얼마전 서울의 한 아파트에 살던 할머기가 죽은 지 몇달만에 발견된 적이 있었습니다.

아파트는 벽 하나를 사이로 좌우와 상하에 이웃들이 사는 곳인 데도 몇달씩이나 「이웃」의 죽음을 모르고 있었던 것입니다. 사람과 사람 사이를 차단하고 있는 마음의 벽이 얼마나 두터운가를 실감케 하는 사건이었습니다.

그러나 다시한번 곰곰히 따져보면 현대처럼 나의 일과 남의 일이 밀접하게 연관된 사회도 없습니다. 한 개인의 잘못이 전체의 기능을 마비시키는 경우를 허다하게 경험하는 것이 현대인들입니다.

중동이 전쟁에 휩싸이면 세계경제가 주름살이 지고 불교인이 잘못하면 다른 사람에게까지 괴로움을 끼칩니다. 비근한 예로 얼마전 서울 장충동에 있는 한 고가古家에서 불이 났는데 옆에 있던 주택이 세채나 함께 타고 말았습니다. 남의 집에서 난 불이 내집을 홀랑 태워서 뜻밖의 알거지 신세로 나앉게 된 것입니다.

이렇게 볼 때 어떤 일도 결코 나와 무관한 것은 없습니다. 아리스토텔레스가 「인간은 사회적 동물」이라고 말한 것은 더불어 살아야 하는 것이 인생이므로 이웃의 일에 무관심할 수 없다는 뜻입니다.

인간의 이같은 사회적 관계를 불교는 연기緣起라는 말로 표현 합니다. 모든 개별적 존재나 현상은 따지고보면 상대적 조건관계에 있다는 것입니다.

예를 들어 대들보가 온전한 대들보 구실을 하려면 기둥과 서까래가 있어야 합니다. 서까래나 기둥도 대들보가 있어야 제구실을 할 수 있습니다. 독불장군獨不將軍이란 말이 있듯이 혼자서는 결코 장군은 커녕 졸병도 될 수 없는 것이 인생입니다.

이같은 상호관계의 인식은 불교적 인생관과 세계관의 기초입니다. 인생과 세계는 철저한 공조共助관계에 있다는 인식을 가질 때 우리의 삶의 태도는 근본적인 변화를 일으키게 됩니다.

이웃의 불행을 남의 일로 보지 않기 때문에 관심과 자비를 갖게 됩니다. 보살의 자비심은 단순한 동정이 아니라 이같은 인생관에 바탕을 둔 당연한 마음가짐입니다.

자주 인용되는 〈유마경〉의

"중생이 아픈 까닭에 보살도 아프다. 중생이 편안해지면 나도 편안해진다."

는 말씀은 보살의 마음가짐을 극명하게 표현한 것입니다. 그것은 신체의 한부분이 아프면 온몸이 아픈 것과 같은 이치를 깨달은 데서 발로된 마음입니다.

보살이란 특정한 사람만을 지칭하는 말이 아닙니다. 국적과 인종, 종교에 관계없이 모두 보살이고 보살이어야 합니다. 한 사회 또는 국가 구성원 모두가 보살이 되었을 때 우리는 그것을 정토淨土사회, 불국토佛國土라고 부릅니다. 불국토는 불교만의 이상세계가 아닙니다. 그것은 다만 불교적 용어로 표현된 이상 세계일 뿐입니다. 천국天國이라 불러도 무방합니다. 중요한 것은 우리 모두가 천국의 시민, 보살이 되는 것입니다.

불교는 모든 사람이 보살이 되어 천국을 이루자는 가르침입니다.

聲準

1955년 고암스님을 은사로 득도
1960년 대법원청사 활복한 정화육비구
자재암 · 신흥사 주지
1977년 조계종 감찰원장

불교의 종교적 특징

모든 종교의 출발점은 인간의 고통입니다. 만약 인간에게 고통과 불행이 없었다면 종교는 생겨나지 않았을 것입니다.

인간고의 해결을 위한 종교의 가르침은 크게 두 가지로 나타납니다. 하나는 인간고의 원인을 외적인 데서 찾아내고 해결의 방법 역시 타인의 구제에 의하는 것입니다. 다른 하나는 그 원인을 인간 자신에게서 발견하고 스스로가 극복해야 한다는 것입니다.

인간고의 원인을 외적인 것에 있는 것으로 파악하는 종교는 대체로 절대자의 존재를 상정하고 길흉화복도 그에 의해 주재

된다고 믿습니다. 따라서 인간이 고통스런 현실을 벗어나기 위해서는 절대자의 자비에 의지해야 하고 그 자비는 제사와 기도에 의해 얻어진다고 가르칩니다. 반대로 인간고의 문제를 인간 자신에게서 찾는 종교는 모든 행 · 불행은 철저히 스스로에 의해 결정된다고 가르칩니다. 인간의 행 · 불행을 좌우하는 절대자는 없으며 스스로가 어떤 방식의 삶을 사느냐에 따라 고통이나 불행이 오기도 하고 즐거움과 행복이 성취되기도 합니다.

불교는 이 두 가지 종교 유형 가운데 후자의 편에 속하는 대표적인 종교입니다. 불교의 가르침은 인간의 문제는 인간 스스로가 해결해야 하며 누구의 도움도 인정하지 않는 '인간에 의한 종교' 입니다. 불교의 이러한 입장은 중아함 《가미니경伽彌尼經》에 잘 나나타나 있습니다.

부처님이 나란다 마을 파바리캄바바나라는 숲속에 머물고 있을 때였습니다. 이웃 마을의 촌장인 아시반다카풋타라는 사람이 부처님의 명성을 듣고 찾아와 이런 것을 물었습니다.

"거룩하신 분이시여, 어떤 종교가婆羅門들은 물병을 높게 쳐들든지, 물에 들어가 목욕을 하든지, 불의 신에게 공양을 하든지 하면 죽은 사람을 천당에 태어나게 할 수 있다고 합니다. 당신도 그와 같은 일을 할 수 있습니까?"

촌장의 질문은 요컨대, 부처님이 신과 같은 초월적 능력을 행사할 수 있느냐였습니다. 이에 대해 부처님은 대답 대신 이런 비유로 반문했습니다.

"어떤 사람이 깊은 호수에 바위를 던졌다고 하자. 그때 여러 사람들이 몰려와서 '바위야, 떠올라라. 바위야, 떠올라라' 라며 기도를 했다고 하자. 그러면 그 바위가 기도의 힘으로 물 위로 떠오를 수 있겠느냐?"

촌장의 대답은 물론 "아니오."라는 것이었습니다. 누구라도 촌장과 같은 대답을 했을 것입니다. 부처님은 다시 그에게 물었습니다.

"그렇다면 촌장이여, 여기에 남을 죽이고, 도둑질하고, 거짓말을 하는 따위의 온갖 나쁜 짓을 한 사람이 있다고 치자. 그가 죽었을 때, 사람들이 몰려와 '이 사람이 천당에 태어나게 해주소서.' 라고 기도를 했다면 그는 이 기도의 힘에 의해 천당에 태어날 수 있겠느냐?"

이에 대해서도 촌장은 "아니오."라고 대답할 수밖에 없었습니다. 그러는 사이, 촌장은 부처님이 무엇을 가르치고자 하는지를 깨달게 되었습니다.

그것은 인간의 미래는 그가 스스로 지은 업業, karma에 의해 결정되며 절대적 타자他者에게 기원하는 따위의 행위는 아무런 의미가 없다는 뜻입니다.

《가미니경》의 비유에서도 짐작할 수 있듯이 부처님의 가르침은 초월적 능력이나 신비주의를 배척합니다. 서양의 어떤 종교처럼 '불합리하기 때문에 믿는다'는 태도는 불교에서 있을 수 없습니다. 의혹을 하나 하나 풀고 스스로 확신을 가지며 그렇기 때문에 실천하지 않을 수 없는 것, 그것이 부처님 가르침의 기본 성격입니다.

어떤 사람이 몹시 허기에 지쳐 있었습니다. 그는 현명한 종교가를 찾아가 어떻게 해야, 배고픔을 해결할 수 있겠느냐고 물었습니다. 이에 대해 C라는 종교가는 '기도를 하라'고 했고, B라는 종교가는 '밥을 먹어야 한다'고 대답했습니다. 허기진 사람이 C라는 종교가의 가르침대로 했다면 배고픔을 영영 해결하지 못하고 굶어 죽고 말었을 것입니다. 이 경우 B라는 종교가의 가르침이 옳은 것은 두말할 나위가 없습니다.

불교는 어떤 사람이 배가 고프다고 하면 '밥을 먹으라'고 가르치는 종교입니다. 《잡아함경》30권에 따르면 부처님의 설법은 다음과 같은 다섯 가지 특징적 성격이 있습니다.

첫째 현실적으로 증험되는 것, 둘째 때를 격하지 않고 결과를 나타내는 것, 셋째 와서 보라고 말할 수 있는 것, 넷째 즐거움涅槃으로 인도하는 것, 다섯째 지혜 있는 자는 스스로 알 수 있는 것입니다.

다시 말해 결코 특별하거나 비합리적이지 않습니다. 그리고 이 다섯가지 원칙에서 벗어나는 것은 모두 진리가 아닙니다.

불교의 교리 가운데 그런 것이 있다면 그것 역시 진리가 아니며, 부처님이 이 원칙에서 벗어나는 가르침을 말했다면, 이는 부처님의 자격을 상실하는 것입니다.

불교가 이렇게 고도한 합리성과 직관성 · 보편성의 원리 위에 서 있는 것은 부처님에 의해, 깨달아진 진리의 내용이 초월적이고 불합리한 것을 용납하지 않기 때문입니다. 부처님이라는 말 자체도 '깨달은 사람佛陀,buddha' 이라는 뜻입니다. 여기에는 신의 계시를 받았다는 따위의 초월적이고 신비한 뜻은 눈을 씻고 찾아보아도 없습니다. 불교는 오직 붓다에 의해 깨달아진 지혜의 가르침인 것입니다.

불교를 '지혜의 가르침' 이라고 한다면, 그 지혜는 무엇이며, 어떻게 완성되어지는 것일까요? 이 대목은 불교의 본질과 관련되는 매우 중요한 부분입니다.

불교에서 지혜般若,prājña라고 말할 때, 그것은 인간의 어리석음無明, avīdya를 전제로 합니다. 현실적으로 인간은 누구나 고통과 불행 속에서 살고 있습니다. 인간은 누구든지 늙고 병들고 죽어간다는 점에서 고통의 존재이며 그것은 태어나는 순간에서부터 비롯됩니다. 때문에 태어남까지도 고통이라 할 수 있습니다. 불교에서는 이것을 생노병사生老病死의 네 가지 고통四苦이라고 합니다. 인간의 불행은 여기에서 그치지 않습니다. 싫은 것과 만나는 것, 좋은 것은 떠나는 것, 갖고자 해도 이루어지지 않는 것, 버리고자 해도 버려지지 않는 것, 이 모든 것이 괴로움입니다. 인생을 고통의 바다苦海라고 하는 것은 결코 과장된 표현이 아니라 진실에 근거한 사실입니다.

이러한 고통과 불행은 그 뿌리가 어디에 있을까요. 이에 대한 불교의 대답은 어리석음無明 때문이라는 것입니다. 여기서 어리석다는 말은 현실을 바르게 보지 못한다는 것입니다. 변화하는 현실을 사실 그대로 받아들이지 않고 변화하지 않기를 바라는 데서 문제가 생기는 것입니다. 예를 들어 인생이란 누구나 늙고 병들어서 마침내 죽게 됩니다. 이를 무상無常이라고 합니다. 이 무상의 원리는 아무리 초월적 능력을 가진 신이라 할지라도 어쩔 수 없습니다. 진시황의 권력으로 불로초와 불사약을 구하려고 해도 늙음과 죽음을 막을 수는 없습니다. 문제는 그럼에도 불구하고 중생들은 청춘이 영원하고 생명이 영원하기를 바랍니다. 애당초 불가능한 일에 집착함으로써, 그것이 실현되지 않을 때, 고통과 불행을 느끼게 되는 것입니다. 따지고 보면 인간의 모든 고통과 불행은 이 같은 어리석음과 집착에 기인하고 있습니다. 부처님은 이러한 현실을 직시하고 바른 안목을 가질 때 새로운 인생의 지평이 열린다고 가르칩니다. 이것이 바로 불교에서 말하는 지혜입니다.

지혜란 현실을 바로 보는 안목입니다. 변화를 변화로 인식하는 것이 지혜입니다. 어떻게 변화를 변화로 인식할 수 있을까요. 존재의 밑바닥에 대한 성찰이 있어야 합니다. 부처님을 '깨달은 사람' 이라고 하는 것은 존재의 밑바닥을 철저하게 구명究明하여 세계와 인생의 원리가 무엇인지를 분명하게 깨달았기 때문입니다.

부처님이 파악한 존재의 원리는 '연기緣起' 라는 것이었습니다. 부처님이 보리수 아래서 깨달음을 얻었다는 것은 바로 이 '연기의 원리' 를 파악한 것을 말합니다. 《자설경自說經》〈보리품〉에는 이 사실을 다음과 같이 기록하고 있습니다.

"일구월심 명상하던 성자에게 모든 존재의 근원이 밝혀지던 날, 그의 의혹은 씻은 듯이 사라졌다. 연기의 도리를 알았으므로."

연기란 요컨대, 일체의 모든 존재는 '그럴 만한 조건' 이 있어서 생겨난다는 뜻입니다. 다르게 말하면 홀연히 또는 우연히 조건 없이 존재하는 것은 이 세상에서 아무것도 없다는 것입니다. 따라서 일체의 존재는 그것을 성립시키는 조건이 없어질 때, 그 존재 또한 없어지게 됩니다. 이것은 어떤 존재도 독립되어 있거나, 영원하며 변하지 않는 것은 없다는 의미입니다. 예를 들면 가옥이란 기둥과 서까래와 들보와 벽으로 구성되어 있습니다. 이 중 한 가지만이라도 없으면 집이 될 수 없습니다. 사람은 정신과 육체로 구성되어 있습니다. 이 중 어느 한 가지라도 소멸하면 사람으로서 존재할 수 없습니다. 모든 것은 이렇게 상호의존적인 관계로 존재합니다. 이를 상자상의相資相依의 관계라 합니다. 《잡아함경》에서는 이러한 연기의 원리를 다음과 같은 공식으로 설명하고 있습니다.

이것이 있으므로 저것이 있다.
저것이 있으므로 이것이 있다.
이것이 사라지면 저것이 사라진다.
저것이 사라지면 이것이 사라진다.

불교의 이같은 연기적 존재론은 현대적인 표현으로 말하자면 상대주의적 존재론이라 할 수 있습니다. 상대주의적 존재론은 당연히 절대적인 것, 영원한 것, 무조건적인 것을 용납하지 않습니다. 절대자란 다른 것들로부터 완전히 독립하여 그 자신만으로 존재하며 따라서 조금도 남에 의해 제약받지 않는 존재를 말합니다. 그러나 불교에서는 그런 존재가 인정되지 않습니는다. 이런 까닭에 불교는 당연히 무아론無我論과 무신론無神論의 입장에 서게 됩니다.

불교의 이러한 연기의 원리는 인생의 태도를 전환시키는 중요한 열쇠입니다. 지금까지 사람들은 인간은 영원한 존재이며, 신은 절대적인 존재로서 인간을 지배한다고 믿어 왔습니다. 그러나 불교의 가르침에 의하면 그러한 생각은 잘못이라는 것이 분명해집니다. 지금까지 집착해 왔던 '나' 또는 '나의 것' 이라는 생각 자체가 근거 없는 것이 됩니다. 냉정한 이성으로 보면 이것은 진실입니다.

이렇게 인생의 참모습에 눈 뜨는 것, 그것이 지혜입니다. 그러나 이러한 지혜만으로 인간은 행복한 삶을 성취할 수 없습니다. '배가 고프면 음식물을 먹어야 한다' 는 것은 매우 당연한 진리입니다. 하지만 실제로 음식물을 먹는 행위가 뒤따르지 않을 때 그것은 무의미한 것이 됩니다. 실천이 뒤따르지 않는 지혜는 관념의 유희에 불과합니다. 중요한 것은 아는 것을 실천하는 것입니다.

이 실천을 불교에서는 수행이라 합니다. 수행의 핵심은 자비의 실천입니다. 자비는 값싼 동정과는 다릅니다. 동정이란 남보다 우위에 있는 사람이 자기가 가지고 있는 몫을 조금 나누어 주는 것입니다. 이러한 행위는 톨스타인 베블런이 지적했듯이 '과시적 동정' 에 지나지 않습니다. 내가 너보다 우월하다는, 그래서 그 우월을 과시하기 위해 하는 동정은 이기심의 다른 이름입니다.

불교의 자비는 이런 것과는 다릅니다. '연기의 원리' 를 바로 알고 나면 실천하지 않을 수 없는 것이 바로 자비입니다. 연기의 원리에서 보면 일체의 존재는 상호의존의 관계에 있습니다.

농부가 농사를 지으므로 내가 먹을 수 있고, 직녀가 옷을 짜므로 내가 입을 수 있습니다. 나는 이웃과 이렇게 불가분리의 관계에 의지해서만 존재할 수 있고, 그 관계의 도움을 받아야 살아갈 수 있습니다. 이것이 있으면 저것이 있다는 연기의 공식은 이러한 관계를 규명한 말입니다. 이러한 이웃과의 관계가 깨지면 불협화음이 나게 마련입니다. 농부가 땀흘려 농사를 지은 곡식을 터무니없이 싼값에 사들인다면 농부는 다시 농사를 지을 수 없습니다. 농부가 농사를 짓지 않으면 나도 굶어야 합니다. 이웃과의 이런 상관관계를 인식하게 될 때 우리는 타인에 대한 헌신과 자비를 실천하지 않을 수 없게 됩니다. 크게 살펴보면 남이란 있을 수 없으며 모두가 나와 한몸一體이기 때문입니다. 그렇다면 자비는 남을 위한 동정이 되어서는 안됩니다. 자비의 실천은 그 내용을 보면 자기애의 다른 표현이며 또한 진리의 명령입니다.

그럼에도 불구하고 인간은 언제나 이에 반대되는 삶을 살아왔습니다. 베풀기보다는 착취하면서 살아왔습니다. 그러나 삶의 과보는 인간을 힘없는 고통과 불행의 나락으로 떨어지게 하고 있습니다. 인생이 고해인 것은 뿌리깊은 탐욕과 이기주의가 빚어낸 죄업의 결과입니다.

자비의 실현은 이렇게 잘못된 현실을 바로 세우려는 노력입니다. 그러나 솔직하게 말하면 자비의 실현에 인색한 것이 인간입니다. 오늘도 우리는 자비보다는 그 반대되는 탐욕과 이기주의로 일관하는 삶을 살고 있습니다.

불교의 가르침이 위대한 것은 이 같은 현실을 바로 보고 그 해결의 방책을 제시한 데 있습니다. 불교는 인간의 현실을 고통의 존재로 파악합니다. 현실을 비판하고 허무를 가르치기 위해서가 아니라 냉정하게 그 진상眞相을 인식해 바른 처방을 내리기 위해서입니다. 마치 의사가 그 환자의 병을 진찰하는 것과 같습니다.

왜 인간은 고통의 존재인가에 대한 불교의 진단은 '연기적 존재'임을 모르고 탐욕과 이기주의에 사로잡혀 있다는 것입니다. 신의 의지라든가 하는 것이 아니라 인간의 무지와 무명이 스스로를 괴롭힌다는 진단입니다. 해결의 원리도 이미 나와 있습니다. 연기의 원리가 지시하는 '자비의 삶'을 살아야 합니다. 이기주의의 극복은 자비의 실천을 통해서만 가능합니다. 자비의 실천은 존재의 본질이 '연기의 관계'에 있음을 명확하게 아는 데서 시작됩니다. 이 원리는 부처님이 창안해 낸 것이 아닙니다. 부처님은 다만 이 원리를 먼저 발견하고 실천한 사람일 뿐입니다. 누구나 이 원리를 바로 알고 실천한다면 그에게도 '부처님'이라는 최고의 존칭을 붙일 수 있습니다. '부처님'이란 말은 특정한 사람에게만 붙여지는 고유명사가 아닙니다. 연기의 원리를 알고, 자비를 실천하는 모든 사람에게 붙여지는 보통 명사입니다.

진리란 문자 그대로 '참된 이치'라 할 때 불교의 진리보다 참된 이치는 없습니다. 이 진리는 반드시 '불교'라는 이름으로 말하여야 할 이유는 없습니다. 다른 이름으로 말하여지더라도 이 진리가 적용되고 실천되어진다면 참다운 불교는 거기에 있는 것입니다. '진리法에 의지하고 사람이나 이름文字에 의지하지 말라'는 것은 바로 이를 두고 하는 말입니다.

불교의 가르침은 부처님이 태어나거나 말거나 관계없이 언제나 있어온 가르침입니다. 그것은 만들어지거나 사멸하는 것이 아닙니다. 누구에게만 필요하고 누구에게는 필요없는 것이 아닙니다. 모두에게 필요한 것입니다.

어떤 사람은 불교가 오래 된 종교이므로 낡은 종교라고 말합니다. 그러나 오래 되었다고 다 쓸모 없는 것은 아닙니다. 태양은 오래 된 것이면서도 언제 어디서나 필요하고 새로운 것입니다. 마찬가지로 불교도 오랜 된 종교이지만 그 진리성은 여전히 유효하며 오히려 더욱 새로운 가치를 지니고 있습니다.

性坡

1939년 출생
1960년 통도사에서 월하스님을 은사로 득도
1980년 학교법인 원효학원 이사장
조계종 규정부장 · 사회부장 · 교무부장
1981년 통도사 주지
1988년 영축학원 이사장
해동고등학교 이사장
2006년 통도사 서운암 주지(현재)

보통사람의 평등시대

「보통사람들의 시대」가 개막 되었다고들 합니다.

몇년전 전임 대통령은 고별기자회견을 통해 대통령의 자리가 얼마나 고달프고 힘겨운 자리인가를 대변했습니다. 그 가운데 특히 '피할 수도 없고 또 일을 나눌 수도 없는 국정國政의 중대사안을 두고 겪게되는 대통령의 괴로움은 경험한 사람이 아니면 이해하기 힘들 것' 이라는 회고와 함께 '대통령은 유한有限하지만 국가는 영원하다' 고 말했습니다.

그리고 그는 신의를 존중하고 끝까지 인내하고 모든 일에 최선을 다하겠다는 세가지 원칙을 생활의 좌우명으로 삼았다고 말하면서, 참고 견디는 인내성에 대해 아주 짙게 피력했습니다. 그 결과 어금니 치료를 받고 있다는 전임 전대통령의 사실표현은 듣는 사람으로 하여금 실감을 안겨주었습니다.

참는다는 것, 인욕이 그처럼 어렵듯이 그 인욕으로써 낳은 결과는 삶의 보람으로 영원히 남을 것입니다.

새 대통령의 「보통사람들의 시대」는 서로가 양보하고 인욕하는 대화합의 시도며, 부처님께서 설시하신 평등사상에 기인하고 있다고 할 수 있습니다. 평등속에는 빈부귀천이 있을 수 없으며 잘나고 못남도 없으며 밉고 곱고도 있을 수 없습니다.

부처님께서 평등에 대해 많은 법문을 남기셨지만 다음과 같은 말씀으로 획을 그어 놓았습니다.

"사하四河가 각기 다르나 바다에 들어가면 강으로써의 이름이 없어지고 말듯, 사성四姓계급이 있다해도 사문沙門이 되고나면 다 부처님의 제자라 일컬어질 뿐이다." <증일아함경增一阿含經>

부처님 말씀처럼 평등이란 바다와 같이 넓고 광활하며, 편편한 것입니다. 비록 바다속이 높낮이가 있다 할지라도 그것을 물로 덮어버려 하나로 보이게 하였고, 그 평면을 이루는 수면이 수평을 이루고 있습니다. 그래서 높고 낮음이 없는 수평, 그것이 바로 평등의 원칙이라 할것입니다.

이제 우리는 평등의 시대를 맞고 있습니다. 높은 사람도 낮은 사람도 있을 수 없고 권력자라하여 권위를 앞세울 수도 없으며 지위 고하가 없는 평등의 시대를 맞고 있습니다.

그러나 국민 모두가 또 위정자들이 평등사상을 어떻게 운용하느냐에 따라서 그 가치는 빛날 수도 있고 퇴색해 질 수도 있습니다. 평등을 잘못 이해하여 무질서를 초래한다면 진정한 평등을 모르는 우치스럼움을 남길 것입니다.

그래서 부처님은 또 이렇게 이르고 있습니다.

"불자야, 마땅히 법과 같이 순서대로 앉아야 한다. 먼저 계戒를 받은 사람은 앞자리에 있고 뒤에 계를 받은 사람은 뒷자리에 있어야하는 것이니 노소의 비구 · 비구니거나 귀인 · 국왕 · 왕자거나 노비거나 간에 먼저 계를 받은 사람은 앞자리에 앉고 뒤에 계를 받은 사람은 차례에 따라 앉아야 하느니라." <범망경梵網經>

다시 언급한다면 질서를 지키지 않는다면 평등의 의미가 없어지는 것입니다. 여기서 말한 계戒는 사회속에서는 법이며, 법과 질서를 무시한 가운데는 평등도 존재할 수가 없는 것입니다.

이제 우리는 고귀한 평등의 시대를 열어가는데 힘을 모아야 할 것입니다.

평화정신의 구현

"범부는 진실을 모르기 때문에 세상에서 다툼을 일으켜 진실하다느니 진실하지 않다느니 하는 대립관념對立觀念에 빠져있기 일쑤다. 그러나 나는 세상에서 다툼을 일으키는 일이 없으니 현상세계의 실상을 샅샅이 알고 있기 때문이다. 부처님네의 설하신 가르침에는 다 다툼이 없느니라."

〈승사유범천소문경勝思惟梵天所問經〉에 있는 말씀입니다.

세존의 이 말씀은 온갖 대립체제를 지양하고 중생들 세계에 평화를 심어주기 위한 설교였습니다.

그래서 미혹한 중생들 사이에 형평이 깨지는 것을 원치 않았기 때문에 계급의식과 적대의식을 철저히 배제하기도 했습니다. 또 부처님은 '인내忍耐는 자타의 평화를 낳는다.' 고 교설함으로써 우선 자신의 감정과 노여움을 다스리도록 교시하셨습니다.

이같은 평화에 대한 부처님의 말씀은 현재 우리가 처해있는 현실상황에서 절감하는 바가 자못 큽니다.

요즘 우리사회는 마치 마약중독 환자들이 난무하고 있기라도 한 듯 걷잡을 수 없는 소용돌이가 계속되고 있습니다.

울산 현대중공업 근로자들의 파업농성이 백여일째 계속되고 있는 가운데 재야측과 학생들까지 가담해 사태는 더욱 난공불락으로 치닫고 있습니다. 지하철은 지하철대로 시민들의 극심한 교통불편은 아랑곳 하지 않고 계속 파업 농성 중에 있습니다. 이외에도 사회 곳곳에서 자신들의 이익 관철을 위해 머리띠를 두르고 한껏 목소리를 높이고 있습니다.

문제는 파업과 농성, 다시말해 그들이 주장하는 노동운동의 차원에 있지 않습니다. 오히려 그것은 어차피 우리 사회가 한번쯤은 겪고 넘어가야 될 진통이라고 보는데서 일면 수긍이 가는 점도 없지는 않습니다.

그러나 앞서 얘기했듯이 이러한 현상이 전국에 확산될 경우

더욱 우려되는 것이 마약과 같은 극약이 국가와 민족을 위태로운 지경으로 몰고 갈 수 있다는 것입니다.

얼마전 전직 대통령의 아들이 마약복용의 사실을 밝혀 세인들의 따가운 시선을 받았던 한편 사회일각에 충격을 던져주었습니다.

그것은 한 때 권력의 영화에 온갖 호사를 누렸던 권력자들의 아들이었다는 연민의 정에서라기 보다는 치명적인 중독성을 갖고 있는 마약이 아직도 사회의 한구석에서 버젓이 상용되고 있다는 우려에서였습니다.

마약은 폭력과 범죄를 유발시키는 폭약장치와도 같습니다. 최근 마약으로 인해 강도 강간등 폭력과 범죄로 골머리를 앓고 있는 워싱톤DC 당국이 민주국가로써 수치라 할 수 있는 야간통금을 실시키로 했다는 소식도 마약이 얼마나 무서운 것인가를 단적으로 보여주는 증거입니다.

또한 마약은 사회의 질서가 문란해지고 기강이 해이해지면 그 틈을 타 급속히 확산되는 전염병과도 같은 것입니다. 더군다나 마약이 가정주부와 농어민, 순진한 학생들에게 까지 번진다고 가정해 보면 끔찍한 일이 아닐 수 없습니다.

우리는 현재 파업과 농성 시위 등을 문제 삼지 않습니다. 바로 이런 기회를 틈타 마약과 같은 독버섯이 사회전반에 만연돼 오랫동안 지켜온 평화를 깨뜨릴까 두려워서입니다.

국가와 민족의 평화는 지켜지는 것이 아닙니다. 스스로 지키려 할때만 가능합니다. 반만년 역사를 가지고 내려오는 우리 민족이 그냥 허물어질 수는 없습니다.

부처님의 말씀처럼 다툼이 없고 대립관념을 없앨 때 진정 형평의 원칙이 세워져 평화의 깃발은 오래도록 나부낄것입니다.

世敏 전 해인사 주지 역임

1943년 출생
1956년 해인사에서 지관스님을 은사로 득도
1984년 조계종 재무부장
삼성암 · 조계사 주지
1990년 중앙승가대 불교학과교수
수안사주지(현재)

고통의 즐거움

인도 라호르박물관이 소장하고 있는 부처님의 고행상苦行像은 보는 사람으로 하여금 전율을 느끼게 합니다. 간다라에서 출토된 이 고행상은 인간고통의 극치를 묘사하고 있습니다. 고가古家의 서까래 처럼 앙상하게 드러난 갈비뼈 위로 몇줄기 흩어진 혈관은 마치 칡넝쿨을 연상케 합니다. 움푹패인 두눈과 깡마르다못해 해골같은 육신은 부처님이 얼마나 치열한 고행을 했는가를 잘 말해줍니다.

이 고행상은 정각正覺후의 부처님 모습과 비교하면 극명한 대조를 이룹니다. 석굴암 부처님에서 보듯 자비하고 원만한 상호와 라호르의 고행상은 전혀 다른 인물로 느껴지는 것입니다.

그러나 두가지 상반된 이미지는 모두 부처님의 모습입니다. 오히려 라호르의 고행상과 석굴암의 원만상은 서로 뗄래야 뗄 수 없는 인과관계를 가지고 있습니다.

라호르의 고행상이 없었으면 석굴암의 원만상도 있을 수 없기 때문입니다. 부처님의 정각은 공짜로 얻어진 것이 아니라 처절한 자기수련과 고행끝에 얻어진 것이라는 뜻입니다.

사람은 누구나 고통을 싫어합니다. 가급적이면 쾌락과 즐거움이 가득한 삶을 원합니다.

그러나 우리 인생에서 과연 고통없는 삶이 있을 수 있습니까? 그리고 만약 인생이 고통없이 즐거움만 있다면 그것은 얼마나 무미건조 하겠습니까.

모든 위대한 사상은 고통의 가시밭길에서 생겨났음을 생각할 때 고통없는 삶이란 오히려 인간을 천박하게 만들지도 모릅니다.

누군가 「고통은 행복의 위장된 모습」이라고 말한 사람이 있습니다. 어려움을 참고 견디면서 정상에 오르지 않는다면 성공의 기쁨은 누릴 수 없습니다. 성공과 기쁨을 원한다면 고통을 외면할 수 없는 것입니다.

고통은 진정한 행복을 느끼게 해주는 전초병입니다. 고통 위에서 이루어 놓은 일만이 진정한 보답이요, 고통을 이긴 승리만이 진정한 승리입니다. 그 예를 우리는 부처님의 처절한 6년 고행에서 볼 수 있습니다.

불교를 말하는 사람 가운데는 간혹 부처님이 고행수도를 포기하고 중도수행中道修行을 통해 성도成道했다고들 합니다. 그러나 과연 6년 고행동안 육체적 욕락을 조복받지 않고 지혜의 완성이 이루어질 수 있었을까요. 그렇지 않습니다. 자기극복의 과정없이 성취하는 모든 성공은 거짓입니다.

말이나 글로 성자연聖者然하는 사람의 인격은 자세히 살펴보면 위선으로 가득합니다. 그에게는 고통을 통한 자기단련이 없기 때문입니다.

바닥짐이 없는 빈배는 약한 파도에도 흔들리기 쉽지만 바닥짐을 실은 배는 풍랑을 헤쳐 나갈 수 있습니다. 우리 인간도 고통이라는 바닥짐을 실어야 거친 고해苦海를 항해할 수 있습니다.

고통은 인간이 향상해 갈 수 있도록 하는 하나의 자극입니다. 더워야 시원해질 수 있는 선풍기와 에어컨을 만들고 추워야 따뜻한 옷과 난방장치를 만듭니다. 인류문화란 따지고 보면 고통의 산물입니다.

우리는 많은 성공한 사람들이 자신의 어려웠을 때의 얘기를 자랑삼아 늘어놓는 것을 들을 때가 있습니다.그 얘기가 고통이 아니라 아름다운 낭만처럼 들리는 것은 고통이 바로 즐거움을 잉태하는 모체이기 때문입니다.

"삼천대천세계가 고통으로 가득차 있어도 나는 그것을 두려워하지 않았다."

〈불본행집경〉 27권에서 술회하고 있는 부처님의 고행담苦行談은 고통이야말로 인간을 성장시키는 스승임을 나타낸 말입니다.

고통을 외면해서는 안됩니다. 고통은 찬란한 황금빛 인생의 전조前兆입니다.

세정 제주불교 문화대학 강사

보살의 마음

얼마 전에 사형수가 자신의 장기를 기증한다는 신문기사를 읽은 적이 있습니다. 이런 경우 불교의 입장에서는 장기기증을 어떻게 생각하는지 살펴 보겠습니다.

부처님의 근본사상根本思想은 자비사상이라 할 수 있는데, 자비사상의 실천행은 불살생不殺生에 있습니다. 살아있는 생명을 보호하고 더불어 함께 살고자 하는 공존共存, 공생共生의 사상이 자비사상인 것입니다.

사형수의 얘기가 나온 김에 한 말씀드리면, "죄罪는 미워도 인간은 미워하지 말라"는 말이 있습니다. 범죄는 여러 가지 정황에 따라 다르겠지만, 순간적, 일시적일 수 있고, 그 개인의 업연業緣에 따른 것으로 노력에 따라서는 얼마든지 교화와 개선이 가능하다 생각합니다. 현행의 법제도에서는 사형제도死刑制度를 실행하고 있으나, 죄의 대가代價는 충분히 치르게 하되 최극형인 사형제도는 개선되었으면 하는 바램입니다.

사형수가 자신의 장기를 다른 생명을 살리는데 기증하겠다는 마음은 그야말로 자비보살의 실천행이라 생각합니다. 같은 사형수라도 이와 같은 마음을 내기란 쉬운 일이 아닌 것입니다. 이왕 죽어서 없어질 육신임을 알고, 필요한 타인에게 장기를 기증하겠다는 것은 숭고한 생명나눔의 실천행이라 생각합니다. 무질서하고 혼탁하고 이기심이 팽배한 현시대에 뭔가를 다시 새롭게 생각케 하는 가장 아름다운 선행이 아닌가 생각합니다.

남의 고통을 나의 고통으로 여기는 삶의 자세와 마음, 부처님께서는 이와 같은 삶을 보살의 삶이라 했습니다. 보살은 수행완성을 위해 보시, 지계, 인욕, 정진, 선정, 지혜 바라밀의 육바라밀을 닦아 완성하신 분을 말합니다.

보살도를 닦는 데 있어서 그 첫 번째가 보시 바라밀, 즉 베푸는 수행입니다. 사형수의 장기기증은 보살도의 보시바라밀과 관련지을 수 있습니다. 죽음을 앞둔 한 사형수의 아낌없이 베풀어주는 그 마음이 보살의 마음이요, 부처님의 마음이요, 진정한 보시 바라밀이라 할 것입니다.

금생今生에는 죄를 지어 그 대가로서 육신의 생명을 나누어 주고 가지만, 사형수의 아름답고 숭고한 그 영혼은 더 이상 죄악의 고통이 없는 아름다운 빛이 가득한 광명의 세계, 진리의 세계, 극락세계에 길이 왕생할 것입니다.

사형수의 지극한 마음을 우리 불자들도 되새겨 실천에 옮겨 봅시다.

昭庵 부산 감로사 스님

1960년 범어사에서 득도
범어사 불교강원 강사 부산 감로사 한주
조계종 포교사
불교신문 논설위원
부산 불교신문 주필

광신적 신앙의 교훈

연일 계속해서 삼재三災가 발생하여 수백명이 죽는등 각종 재해가 꼬리를 물더니 이번에는 또 무슨 날벼락입니까.

하룻밤 자고나니 신문 · 방송은 온통 오대양五大洋사건으로 국민의 이목을 집중하고 있습니다. 32명이나 되는 사람이 한 시각 · 한 장소에서 떼죽음을 당함으로써 사건 진상이 계속 드러나고 있으나 아직 확실한 원인과 동기, 배후와 과정은 완전히 밝혀지지 않고 있습니다. 어떤 사회학자는 이 사건을 타락된 사회와 윤리도덕의 마비에서 근본원인을 찾고있습니다.

또 어떤 종교학자는 이 사건이 기억에서 사라지지 않는 미국

가이아나의 인민사원의 복사판이라고 평하고 광신적인 신흥종교에서는 언제나 일어날 수 있는 일이라고 보고있습니다. 그리고 기성종교와 윤리가 제구실을 다하지 못하는 데에도 책임을 돌립니다.

사실 우리는 어떤 제어장치가 고장난 급행열차를 함께 타고 있는지 모릅니다. 또 우리는 칠흑의 밤에 낭떠러지를 향해 걷고 있는 정신병자의 대열에 끼어 있는지도 모릅니다.

우리는 남이야 어떻든 말든 오직 나만이 중요하다는 극단적 이기심利己心이 팽배한 시대에 살고 있습니다.

정의正法와 자유(해탈)와 평화(열반)가 숭상되고 가치관의 척도가 되는 삼선도三善道의 세계보다 거짓과 폭력, 탐욕과 억압에 의한 힘의 논리論理가 지배하는 삼악도三惡道에서 살고있습니다. 지혜와 사랑(자비)보다 간교한 재주와 불신不信을 미덕美德으로 여기고 있지는 않은지 엄격한 자기성찰을 해야합니다. 인간들의 살아가는 방식이 워낙 다양하다 보니 불교에서 말하는 업력業力도 천차만별입니다.

그렇지만 부처님께서는 알기쉽게 가르쳐주셨는데 그것은 곧 탐貪·진瞋·치痴 삼독심三毒心입니다. 어떤 죄업도, 어떤 성질의 악업도 모두 삼독에서 벗어나지 않는다는 가르침입니다.

이번 오대양사건의 박모여인의 경우도 마찬가지입니다. 물론 광신적 신앙과 사후천국死後天國이 사건의 배경이 되고 있지만, 자신의 노력이 아닌 많은 사람들을 이용하여 이룬 엄청난 돈과 거대한 건물을 보고 있노라면 단순히 심리적인 환상이 아니라 그릇된 탐욕이 불씨임을 당장 알수있습니다. 그리고 아직 어떤 방법으로 죽음을 당했는지는 모르나 사람을 죽일때는 극단적인 진에심瞋恚心이 없고서는 불가능합니다

그런데 이 죽음들은 분노에 의한 것 보다 우치함에서 비롯되었다고 보는 것이 옳습니다. 그것은 처음부터 현실감이 없는 환상속에서 헤매이다가 끝내 모두 죽음의 버스에 동참했기 때문입니다.

〈밀린다왕경〉에서 어리석음의 죄를 경계하는 좋은 말씀이 있어, 소개합니다.

어느날 밀린다 왕이 나가세나에게 물었습니다.

"스님 알면서 나쁜 짓 하는 사람과 모르고 하는 사람중 누가 더 큰 화를 입습니까?"

"몰라서 나쁜 짓을 하는 사람이 더 큰 화를 입습니다. 만약에 이글이글 단 쇠붙이를 한 사람은 모르고 잡았고 한사람은 알고 잡았다면 어느 사람이 더 심하게 다치겠습니까? 그것은 아무것도 모르고 덮석 잡는 사람이 더 심하게 다칩니다. 그와 마찬가지로 모르고 악행을 하는 사람이 화를 더 많이 입습니다. 모르는 것은 무명無明입니다. 알고 지은 죄는 참회를 할 수 있지만 모르고 지은 죄는 참회할 줄 모르기 때문입니다."

松山 전 인천 보각선원 주지

1942년 출생
1955년 범어사에서 동산스님을 은사로 득도
1992년 일본교토불교대 박사
1984년 중앙승가대 사회복지과 교수
인천 보각선원 주지

행복을 찾는 사람

우리는 인간 삶의 최대 목표를 「행복」에 두는 것에 별 의의를 달지 않습니다.

그러나 그 행복이란 결코 쉽게 찾을 수 있는 것이 아닙니다. 천차만별의 사람들이 천태만상의 모양으로 살아가며 저마다의 행복을 추구하고 있습니다. 이제 어떤 여인이 불행을 극복하고 행복을 찾게된 이야기와 함께 부처님의 크신 은혜를 소개하고자 합니다.

가난하지만 착하고 성실한 회사원과 결혼한 여인이 있었습니다. 사글셋방에서 시작한 그들의 신혼생활은 결코 쉽지는 않았습니다.

더구나 물가는 오르고 남편의 벌이는 늘 생활을 쪼들리게만 했습니다. 그래서 가정 주부를 대상으로 하는 직업 교육을 받았습니다. 여인이 배운 기술은 도배하는 것이었고, 여섯 달을 걸려 기술을 익힌 다음 본격적으로 영업에 나섰는데 생각보다 쉽지 않은 것이, 목덜미가 붓고 두팔이 쑤시고 결리는 고된 일이었습니다.

그러나 어느새 아이도 둘을 낳았고 도배일도 종종 있어서 가계를 도왔습니다. 무려 열 여섯번이나 사글셋방을 옮긴 끝에 겨우 방 두칸의 13평짜리 아파트를 장만할 수 있었습니다.

맞벌이 하느라고 변변히 신경 쓸 겨를도 없었는데 별탈없이 성장해 준 두 자녀가 여간 고맙지가 않았습니다.

먹고 입고 쓰고 싶은 것이 많았지만 허리띠를 졸라매고 악착같이 저축도 했으며, 이제 고등학생이 되는 아들을 딸 아이와 격리시켜야 하기에 방 세개의 20평 아파트로 옮겨 갈 꿈에 마냥 부풀어 있었던 것입니다.

그런데 조금씩 앓던 남편이 간암이라는 선고를 받았습니다. 여인에게는 그야말로 청천벽력이었습니다.

"암은 수술하면 낫는 경우도 간혹 있습니다. 그러나 이미 그 시기를 잃었습니다. 집으로 모셔다 조용히 임종을 맞게 할 것인가, 아니면 메스를 가해 그나마 수명을 단축할 것인가를 결정해야 합니다.”

여인을 방으로 부른 의사는 이렇게 말하였습니다.

남편을 집으로 옮겼으나 하루 아침에 몰아 닥친 불행 앞에 앞날이 캄캄할 뿐이었습니다. 그때 여인에게 문득 떠오르는 것이 있었습니다. ‘그렇다. 부처님, 부처님께 기도를 드리자.’ 이렇게 생각하니 부처님은 틀림없이 낫게 해 줄 것이라는 희망이 샘솟았습니다.

그래서 그녀는 난생 처음 절을 찾았고 남들이 하는대로 무조건 절만 했습니다. 남편을 살릴 수만 있다면 어떤 고통도 달게 받을 수 있었습니다.

“남편을 살려야 합니다. 부처님이시여 제 남편을 살려주세요.”

이렇게 매달려 기도하기를 넉달.

그런데 넉달을 못 넘길 것이라던 남편은 넉달이 지나자 오히려 건강해 지기 시작했습니다. 다섯달째 기도를 마치고 나니 언제 내가 간암을 앓았느냐는 듯이, 남편은 병석에서 벌떡 일어나는 것이었습니다.

쉽게 믿어지지 않는 이야기지만 내가 목도한 「사실」입니다.
〈법구경〉안락품에

"굶주림은 가장 큰 병이요, 행(실천)은 가장 큰 괴로움이다. 만일 이것을 분명히 알면 가장 편안한 행복은 여기에 있다."

는 말씀이 있었습니다.

그렇습니다. 남편을 살리고자 하는 여인의 일념은 기도行로 나타났습다. 부처님을 향한 간절한 기도에 감응하시는 우리들의 부처님이야말로 이 시대의 참다운 의학박사大醫王이시며 행복을 내리시는 약사왕藥師王은 아니실까요. 이 도리를 모두 부정한다 해도 여인은 이렇게 말합니다.

"내 맘속에 부처님이 계시는 한 나는 이 세상에서 제일 행복한 사람입니다."

殊眼

1940년 출생
1957년 진주 연화사에서 출가
1992~2006년 통도사 자비원 원장
통도사 축서암 주지 · 화가

문수보살의 여의봉

문수보살이 갖고 있는 지팡이가 '여의봉如意棒' 입니다. 내 뜻대로 되는 봉이라는 겁니다. 무슨 대단한 물건인 듯 싶지만, 사실은 여러분들도 집에 하나씩 다 갖고 있습니다. 노인들이 쓰는 '효자손' 말입니다. 이거 하나면 가려운 것을 긁지 못하는 곳이 없습니다.

여의봉이나 효자손이나 그 이치는 마찬가지입니다. 불법을 너무 거창하게 생각하니까 자꾸 부처님 가르침을 잊어버립니다. 우리생활 자체가 불법임을 알아야 합니다.

여러분 지갑속에 들어있는 지폐를 보세요. '한국은행권' 이라고 인쇄를 해놓은 것을 보게 될 겁니다. 그러니까 돈의 주인이 한국은행이라는 겁니다.

그런데도 사람들은 그 돈이 자기주머니에 있다고 해서 그것이 마치 자기 것인줄 압니다. 어떤 때는 부끄럽게도 한평생 수행을 해 온 저 역시 마찬가집니다

며칠 전에 한분이 휠체어 타고 제가 있는 축서암을 찾아와 "스님 학 천마리를 모으려했는대 다 채우지도 못하고 그냥 가져왔습니다"라며 유리단지 하나를 내밀었습니다. 얼핏봐도 그분의 행색이 흔히 길에서 껌이나 뭐 그런걸 파는 분 같았습니다. 그 단지안에 뭐가 들었나 하고 보니 오백원짜리가 들어 있었습니다. 그 오백원짜리에 새겨진 학 천마리를 제게 주려고 했다는 겁니다.

그래서 '무슨 인연으로 하필 제게 이런걸 주십니까' 하고 물었더니 "스님은 거지가 오면 꼭 봉투에 돈을 넣어서 주신다는 말을 들었습니다. 정말로 그렇습니까?"하고 묻는 겁니다. 그분은 어디서 그런 소문을 들었는지 저를 꼭 만나보고 싶었답니다. 고맙게도 그날 오백원 동전에 새겨진 학들은 제가 원장으로 있는 통도사 자비원에 전해졌습니다.

제가 동냥을 오는 이들에게 돈을 봉투에 담아주는 이유가 뭔지 궁금하시죠? 저는 1985년에 처음 해외에서 선서화禪書畵 전시를 시작했는데, 어느 해는 미국 하와이를 여행할 기회가 있

었습니다. 당시 같이 여행을 하던 백인 한분이 여행이 끝나자 신문인쇄가 안 된 면을 일부러 골라 1달러를 정성스럽게 싸서 버스운전사에게 주는 것을 봤습니다. 그 순간 운전사가 정중히 일어서 인사를 하는데, 그 모습이 진심이 담긴 진정한 사람과 사람의 인사라는 것을 느낄 수가 있었습니다. 어찌나 감동적인지 저도 다음에 그럴 기회가 되면 반드시 따라 해야겠다 마음먹었습니다.

한국으로 되돌아와 절에 있는데 하루는 한 젊은이가 동냥을 왔습니다. 하와이에서의 일은 생각나지도 않고, 순간 젊은 사람이 동냥 오니 울컥하는 마음이 들어 흔쾌하지 않았습니다. 하도 떼를 써서 내키지는 않았지만 얼마 안 되는 돈을 주고 언짢은 마음으로 돌아서는데 갑자기 망치로 얻어 맞은 듯 멍해지는 겁니다.

한때는 스스로 일등 수좌라고 자부심을 가지던 내가, 내 것도 아닌 신도들 시줏돈으로 살면서 중생의 어려움을 모르고 그 사람의 업을 무시하는 마음을 일으킨 겁니다. '아! 나는 진정한 스님이 아니구나. 이런 내가 무슨 수행자냐, 그냥 절 지키는 사람이지' 하는 마음에 그렇게 부끄러울 수가 없었습니다. 그런 뒤부터는 비록 자장면 값 밖에 안되는 적은 돈이지만 동냥을 오면 꼭 봉투에 담아 돈을 드리고, 시간이 되면 차도 대접합니다. 처음엔 쉽지 않았지만 요즘에는 "아저씨, 다음에 또 오이소."하고 인사도 빼먹지 않습니다.

崇山

1927~2004년
1947년 마곡사에서 고봉스님을 은사로 득도
불교신문 발행인 겸 편집인
화계사 주지
조계종 원로회의 의원
동국학원 이사

선으로 가는 길

자기가 자신을 믿을 수 있는 것 같이 귀중하고 위대한 것은 없다고 생각되며, 마찬가지로 자기가 자신을 믿을 수 없는 것 같이 비참하고 참괴한 것은 없으리라고 생각됩니다.

자기 자신이 자신을 믿을 수 있을 때 자기로서의 거짓이 없을 것이며, 이렇게 될 경우에만 그 사람의 삶이 진실하게 될 것입니다. 이처럼 우리는 우선 자신을 믿을 진실한 인간이 됨으로써 비로소 제가齊家를 하게 될 것이며 나아가서는 국가민족을 위하고 인류 사회를 위하여 일할 수 있을 것입니다.

그러나 자기가 자신을 믿을 수 없다면, 자기의 생활에 성실

할 수 없을 것이며, 시간의 흐름에 따라 어떻게 변하여 어떠한 곳으로 삶의 방향이 흘러갈지 알 수 없게 됩니다. 그러니 어찌 거짓이 없는 참된 길을 갈 수 있겠습니까?

자신을 믿지 못하는 사람은 항상 불안과 근심 속에서 방황하게 됩니다. 자기를 믿을 수 없는 그 심정을 경계 경계에 따라서 변동되게 되고, 그런 사람은 늘 온갖 허위와 가면을 쓰고 그 경계에 응하게 될 것입니다. 이런 사람이 집안 일인들 진실하게 돌볼 리 만무합니다.

또한 이런 사람에게라면 국가민족과 인류사회를 위하여 참된 일을 해보겠다는 진실성 따위가 있을 것으로 기대하기도 어렵습니다. 따라서 이렇게 자신을 스스로 믿지 못하는 사람은 세상 사람들에게 배척당하게 될 것이며, 그 허위의 심정은 자신은 물론 다른 사람을 속이고, 집안을 속이고, 나아가 국가민족을 속이게 됩니다. 또한 그 속임을 속이는 데서 그치는 것이 아니라 사람을 팔아 사람을 망하게 하고, 집안을 팔아 집안을 망하게 하고, 국가민족을 팔아 모든 것을 망하게 합니다. 그러니 자기가 자신을 믿지 못하는 죄가 얼마나 크고 비참하며 참괴한 것인가에 대해서는 거듭 말할 필요가 없을 것입니다.

그런데 이상하게도 세상 사람들은 자신을 믿지 않는 반면, 타인의 말을 잘 듣는 경향이 있습니다.

그렇다면 어떻게 해야 자신을 믿을 수 있는 사람이 될 수 있을까요? 또 '나' 라는 그 자체가 무엇인데 믿기도 하고 불신不信하기도 하며, 믿는 것은 무엇이며 불신하는 것은 무엇일까요?

이 모두는 자기 자신의 마음 속에서 일어나는 마음의 작용이며 어느 하나 자기의 마음 아닌 것이 없습니다. 그러므로 이 마음의 작용이야말로 그 인간을 창조하며, 그를 옳은 길로 혹은 그른 길로 이끌고 들어가게 되는 것입니다.

그런데 분명히 옳지 못한 악행인 줄 알면서도 그것을 제지하지 못하여 옳은 마음을 속이고 그곳으로 끌려 들어가는 그 마음 또한 자기의 마음이 아닌 것은 아닙니다. 그러니 인생이란 알 수 없는 존재라, 이 세상의 일이 전부 자기의 뜻대로 된다고는 볼 수 없습니다. 따라서 자기 뜻대로 안되어 고민하는 마음, 악행으로 인하여 일어나는 여러 가지 고통스런 마음과 희로애락에 끄달려 다니는 마음 등도 모두 자기 자신의 마음이 아닌 것은 아닙니다.

이와 같은 마음은 본래 하나일 것이나 여러 갈래로 벌어지는 동시에 여러가지 감정으로 나타나 인생생활의 전체를 지배하고 있는 것입니다.

그러면 우리는 여기에 있어서 그 마음이 여러 갈래로 벌어져 나갔으니 도대체 어느 마음으로써 자신이 자기를 속이지 않는 진실한 삶의 길을 얻을 수 있겠습니까?

옛날 중국 송나라 때 남전화상이라는 선지식이 계셨습니다. 무자화두無字話頭로 유명한 조주趙州 스님이 바로 이 남전南泉 화상의 법제자인데, 어느 날 조주 스님께서 남전 화상 앞에 무릎을 꿇고

"어떠한 것이 참된 것입니까? 如何是道"

하고 물으니 남전 화상이 대답하였습니다.

"평상한 마음이 바로 참된 도이니라. 平常心是道"

그러자 조주 스님께서 '그러면 어떻게 그 도에 나아갈 수 있습니까?" 하고 다시 물었습니다. 그러자 남전 스님은 '그러한 불필요한 사량思量을 일으키면 안 되지!' 하시며 조주 스님을 못마땅하게 쳐다보십니다. 그러나 조주 스님은 이해할 수가 없어서 다시 물었습니다.

"그러나 사량하지 않고서야 어떻게 알 수 있겠습니까?"

그러자 남전 화상은 이렇게 답합니다.

"도道라는 것은 지知에 속한 것도 아니요 부지不知에 속한 것도 아니다. 지知는 곧 망각이며 부지不知는 곧 무기無記이니, 알려고 이리저리 사량분별하면 오히려 참다운 도와는 점점 멀어질 것이니 일체사량一切思量을 제거하면 다만 태허확연太虛廓然하여 역력분명히 목전에 대도大道를 볼 것이다."

이 말씀을 듣고 조주 스님은 어둡던 마음에서 검은 구름이 사라지고 크게 깨달았다고 합니다.

남전 화상의 '평상심시도平常心是道', 이것이야말로 우리가 체득하여야 할 문제이며 실천에 옮겨야 할 필수사항인 것입니다.

그렇다면 이 평상심이란 어떠한 마음일까요? 남전 화상은 평상심이 지知에도 속하지 않고 부지不知에도 속하지 않는다고 했습니다. 그리고 일체사량을 전부 끊은 것이라고 했습니다. 이처럼 일체사량을 끊으면 우리 마음은 선도 악도 여의게 됩니다. 나도 너도 없어지게 됩니다. 천지, 산하, 대지 등 일체의 상대적인 모든 것을 여읜 절대적인 마음의 상태, 이 공空한 가운데 드러나는 성성한 묘체妙諦, 그것이 바로 평상심이 아닐까요? 구태여 이름을 붙이자면 부동심不動心, 혹은 무주심無住心이라고 하겠지요.

이러한 평상심을 위해서는 일체 생각을 끊으라고 하였으니, 그러면 어떻게 우리는 언어동작 및 기타 생활을 영위할 수 있을 것인가의 문제가 생깁니다. 사량과 생각없는 언어 동작의 생활이란 있을 수 없지 않겠습니까?

그러나 〈금강경〉에 말씀하시기를

應無所住而生其心이라

머무는 바 없이 그 마음을 내라.

하였습니다. 나의 마음을 허공과 같이 하여 모든 상대를 끊은 부동심不動心을 가지고 사물에 접하여 판단을 내리라는 가르침입니다. 쉽게 말하면 청정한 마음을 유지하여 모든 언어동작 생활에 그 마음이 끌려가지 말고, 오히려 객관적인 입장에서 선악시비를 분별하라는 말씀입니다.

그러면 여기에 있어서 어떻게 하면 응무소주이생기심應無所住而生其心을 할 수 있느냐, 하는 것이 문제가 됩니다. 이 문제가 해결됨으로써 평상심을 이룰 것이며, 평상심을 얻음으로써 도道, 즉 참다운 삶의 길을 획득하여 자신이 자신을 믿을 수 있는 완전무구한 인격을 완성할 수 있을 것입니다.

그러므로 선의 근본이념은 여기에 있다고 보겠으며, 어떻게 하여 평상심을 이루어 대도大道를 성취할 수 있느냐는 것입니다. 우리는 흔히 신념에 살고 신념에 죽는다고 말하고 있습니다. 바로 그것입니다. 그 신념이야 말로 참으로 진실이요 능력이요 향상向上이라고 하겠습니다.

始言 전 김해 흥부암 주지

1938년 출생
1952년 범어사 동산스님을 은사로 득도
1960년 조계종 초대 포교사
1973년 총무원 감찰부장
1991년 조계종 총무부장

허수아비가 될 것인가

오늘날 우리사회의 현실을 양심적인 사람보다는 비양심적인 사람이 더 많은 혜택을 누리고 행세합니다. 양심적이고 도덕적으로 행동하는 사람은 항상 뒷전으로 밀리거나 조롱당하기가 일쑤입니다.

그래서 사람들은 이제 저마다 양심이나 도덕 따위는 거추장스럽게 여깁니다. 붐비는 버스를 타기 위해서는 남을 밀쳐내는 것이 상책이요 경로석에 버티고 앉아 노인을 외면하는 것이 편안하게 사는 방법이라고 생각합니다.

남의 물건을 훔치고도 부끄러워하지 않고 엄청난 범죄를 저지르고도 죄책감을 느끼지 않는 사람만이 우글거리는 사회는 결코 건강한 사회라고 할 수 없습니다. 그러한 사회는 혼란과 무질서, 파괴와 약탈이 범람하는 지옥과 다르지 않습니다.

양심良心이란 원래 윤리적인 용어입니다. 남과 함께 사는 세상에서 가져야 할 바른 마음가짐을 양심이라고 합니다. 사회적 존재로써의 사람이 양심을 갖지 않는다면 그는 이미 사람이라고 할 수 없습니다. 그는 마치 들판에 서있는 허수아비와 같은 사람입니다.

허수아비도 모자를 쓰고 옷을 입고 서있는 모양에서는 사람과 다르지 않습니다.

그러나 허수아비를 우리가 사람이라고 부르지 않는 것은 그의 가슴에는 사람과 같은 「살아있는 양심」이 없기 때문입니다. 허수아비는 가슴이 온통 지푸라기로 가득차 있으므로 사람이 아닌 것입니다.

그런데 오늘의 사람들은 어떠습니까? 겉모습만 본다면 요즘처럼 잘나고 똑똑한 사람이 많은 세상도 드물 것입니다. 그들은 허영의 모자를 쓰고 있으며 속임수의 옷을 입고 으시댑니다.

그러나 가슴을 열어보면 「양심」이 없습니다. 양심이 없는 허수아비와 같은 존재가 요즘 사람들입니다.

어떻게 보면 그래도 허수아비는 사람보다 낫습니다. 비록 가슴은 지푸라기로 가득찼지만 남을 속이려는 마음이나 미워하는 마음은 없습니다.

허수아비에게는 채워도 채워지지 않는 욕심이 없습니다. 그러나 사람의 가슴은 지푸라기보다 더 못된 탐욕과 어리석음과 분노로 가득합니다. 무조건 남보다 많이 가져야 하고 조금만 이해상관이 걸리면 금방 얼굴을 붉히며 분노합니다.

도무지 어리석어서 진리의 말씀을 귀담아 들으려고도 하지 않습니다. 부처님이 지적한대로 삼독심三毒心에 가득찬 것이 사람입니다. 이런 사람을 어떻게 허수아비보다 낫다고 할 수 있겠습니까.

내면에 진실이 없고 양심이 없는 허수아비의 삶은 아무리 화려하고 위세를 부려도 속절없이 허망한 것입니다. 우리는 양심없는 허수아비의 삶이 얼마나 허망한 것인가를 요즘 국회에서 열리고 있는 5공비리五共非理청문회에서 여실하게 보고 있습니다. 그리고 며칠 전에는 한나라의 최고 통치자였던 사람이 국민 앞에 사죄하는 모습에서도 보았습니다.

"안색이 좋고 신체가 좋다고 다 좋은 것이 아닙니다. 의복이 좋다고 좋은 것은 더더욱 아닙니다. 진정으로 좋은 것은 심의心意를 단정히 하는 것입니다."

부처님께서 〈칠녀경七女經〉에서 이르신 말씀입니다.

부처님께서 심의心意가 단정한 것이 가장 좋다고 하신 것은 무엇보다도 바른 마음과 양심의 중요함을 가르친 것입니다.

사람 모두가 양심에 따라 도덕적으로 살아갈 때 사회는 지옥의 모습에서 정토의 모습으로 바뀌게 됩니다.

민주화를 하자는 것도, 비리를 청산하자는 것도 모두 지옥을 정토로 바꾸기 위해서입니다.

그러자면 무엇보다도 허수아비의 삶을 버리고 「사람」으로 거듭 태어나기를 주저하지 말아야 합니다. 거듭 태어나야만 「사람」이 될 수 있습니다.

時玄 전 범수선원 주지

보시하는 공덕

현대를 고도의 산업화시대라고 합니다. 생산이 소비를 앞지르고 물질이 넘쳐 흐르며 향락을 즐길 수만 있다면 무슨 일이건 찾아 나섭니다.

'내가 번 돈인데 아무렇게나 쓰면 어떤가' 라는 생각과 윤리나 도덕은 부처님이나 공맹자孔孟子의 책 속에 들어있는 것이지 자기와는 아무런 관계가 없다는 생각이 거리마다 가득합니다.

어른들의 향락풍조는 청소년에게까지 절대적인 영향을 미칩니다. 바캉스비, 유흥비의 마련을 위해 노약자 부녀자를 위협, 금품을 갈취했다는 얘기는 흔히 들을 뿐 아니라, 심하면 사람

생명을 파리 목숨처럼 앗아가는 아찔한 사례가 끊이지 않고 있습니다.

선거철을 맞은 요즘의 세상 풍속은 또 어떻습니까. 후보자들이 군중동원을 위해 뿌리는 돈이 가을날 떨어지는 낙엽만큼 많으며, 대권만 잡으면 무엇이든 다 해결하겠다는 공약이 홍수를 이루고 있습니다.

그러나 넘치는 물량物量의 홍수만이 우리시대의 최고가치일 수 있습니까? 이웃을 외면하고 자신만 편하고 행복한 것이 진정한 행복일 수 있는지, 눈을 감고 조용히 반성해 볼 일입니다.

〈금강경金剛經〉 제8 의법출생분依法出生分에 이런 말씀이 있습니다.

"만약 어떤 사람이 삼천 대천세계에 가득찬 칠보七寶를 보시에 쓴다면 그 복은 얼마나 되겠느냐."

는 부처님 말씀에 수보리는

"매우 많습니다. 왜냐하면 그 복덕이 곧 복덕성이 아니기 때문입니다. 그러므로 여래께서 복덕이 많다고 하셨습니다. 가령 어떤 사람이 이 경 가운데 사구게를 받아 가지고 남을 위해서 설한다면 그 복이 앞에 것 보다 더 수승하기 때문입니다."

라고 했습니다.

물질적인 보시가 공덕이 없는 것이 아니지만 그것은 상대적이라 주고 받게 되고 주고 받는 속에는 희喜 · 비悲가 따릅니다.

반면에 정신적 세계에 있어서 영원한 해탈을 얻을 수 있는 사구게四句偈야말로 유한과 무한의 차이입니다

보시는 남에게 주는 것이어서 물질이 없어지는 것 같지만 사실은 공덕을 쌓는 것입니다. 마치 비옥한 밭에 씨를 뿌리는 것 같아서 베푸는 것 만큼 거두게 됩니다.

때문에 보시하지 않으면 거둘 수 없습니다. 보시를 현대적으로 해석하면 막힌 곳을 뚫어주는 것과 같습니다. 경제적 보시는 유통流通입니다.

자기의 권익은 다 찾으면서 사회에 큰 보시를 하게 됩니다. 가령 자기에게 1천원의 돈이 있다면 그 돈을 열 번만 유통시키면 돈은 1천원 그대로지만 기능은 1만원이 됩니다.

반대로 금고 속에 가두어서 돈의 기능을 죽이면 9백 90원으로 10원이 줍니다. 그래서 그것은 간탐이 되며 사회의 침체와 경제발전에 저해가 되기도 합니다.

이런 차원에서 볼 때 우리는 꼭 가진 것이 있어야 재시財施를 하고 배운 것이 있어야 법시法施를 할 수 있다는 무거운 부담을 가질 필요가 없습니다.

물질이 주는 것만이 보시가 아니라 얼굴 표정, 손짓, 미소 한

번이 무한한 공덕을 가져옵니다

오늘날 우리가 필요한 것은 따뜻한 마음으로 위로의 말 한마디, 가정을 가진 이는 가정의 화평을 위하여, 공동생활을 하는 이는 그 단체의 발전을 위하여, 공직자는 밝은 사회를 위하여 자기가 위치한 그 자리에서 최선을 다해서 막히지 않게 사는 것, 이것이 보시입니다.

이러한 보시정신이 실천될 때 현대사회가 앓고 있는 온갖 병폐도 해결될 것입니다.

심산 부산 홍법사 주지

법을 전하는 불자

부처님 말씀을 보면 세상엔 두 종류의 사람이 있습니다. 믿음이 있는 사람과 없는 사람입니다. 내가 부처가 될 수 있다는 확신이 설 때 비로소 믿음이 있다고 말할 수 있습니다.

믿음이 있는 사람도 두 종류가 있습니다. 수행자를 자주 찾아 만나는 사람과 그렇지 않는 사람입니다. 불자라면 수행자를 자주 찾아가야 합니다.

수행자를 만나는 사람도 두 종류가 있습니다. 수행자를 존경하는 사람과 그렇지 않는 사람입니다. 수행자를 존경하는 데는 이유가 없어야 합니다. 그저 존경하고 무조건 존경하십시오.

스님을 존경하는 것은 신도의 일입니다.

스님을 존경하는 사람도 역시 두 종류가 있습니다. 경을 묻는 사람과 그렇지 않는 사람입니다. 경을 묻는다는 것은 법문을 듣는 것을 포함해 진리로서 존경하는 것을 말합니다.

경을 묻는 사람도 두 종류가 있습니다. 일심으로 듣는 사람과 그렇지 않는 사람입니다. 법문을 들으면서 다른 생각을 하는 사람보다 일심으로 듣는 불자가 훌륭합니다. 법문을 끝까지 들어주는 것이 훌륭한 신도입니다.

일심으로 듣는 사람도 두 종류가 있습니다. 들은 것을 지키는 사람과 그렇지 않는 사람입니다. 법을 지키는 사람이 더 훌륭합니다. 제사를 예로 들어봅시다. 이미 돌아가신 분 자체가 죽음이 슬프고 안타까운 일인데, 거기다 또 다른 생명을 죽여 추모한다는 것은 맞지 않습니다. 우리 신도들에게 권합니다. 육법공양으로 제사를 지냅시다. 그리고 경전을 독송합시다. 우리 대에서 어쩔 수 없다면 자식에게 유언을 해야 합니다. 내 기일 때는 생선 굽지 말고 경전을 독송하라고 말입니다. 이것이 앞으로 불자를 불자로 남게 하는 중요한 일입니다.

법을 지키는 사람은 다시 두 종류로 구분됩니다. 깊은 관찰을 하는 사람과 그렇지 않는 사람입니다. 법을 잘 지키는 사람 중에서도 그것이 왜 그런지 깊이 관찰하는 사람이 있습니다. 한 수행자가 매일 앵무새에게 "덫을 조심하라, 덫 위에 앉지 말라"고 가르쳤습니다. 어느 날, 새장이 열린 틈을 타 앵무새가 바깥으로 날아갔고, 수행자는 새를 찾아 헤맸습니다. 숲 속으로 가다보니 이상한 소리가 들렸습니다. 소리가 들리는 곳으로 가보니 앵무새가 덫에 걸려 "덫을 조심하라, 덫 위에 앉지 말라"고 하고 있었습니다. 부처님 말씀이 무엇을 의미하는지 이해하지 못하면 앵무새와 하등 다를 바가 없습니다.

법의 깊은 뜻을 관찰하는 사람도 두 종류가 있습니다. 이웃과 사회를 위해 기여하는 사람과 그렇지 못한 사람입니다. 이웃을 생각하는 사람이 훌륭합니다. 포교가 무엇입니까. 바로 이웃에게 깊은 관심을 갖는 것입니다. 이것이 포교입니다. 불자들은 이렇게 말하곤 합니다. 내가 부처라는 것은 알겠는데 그것만 갖고 어떻게 포교를 할까요. 신심만 갖고 있다면 그것이 포교입니다. 신심을 갖고 있다면 그것만 갖고 있다면 그것만 갖고 포교를 하고, 절에 잘 나간다면 그것만 갖고 포교를 할 수 있습니다. 존경하는 마음이 있다면 옆 사람에게 스님을 존경한다고 말하는 자체가 포교입니다.

포교는 모든 것을 완성하고 마지막에 가져가는 것이 아니라, 내가 있는 그 자리에서 아는 만큼, 증득한 것 만큼, 그 상태에서 그것만이라도 온전하게 실천한다면 내가 행하는 것 가운데 포교가 아닌 것이 없습니다. 내가 무언가 행동할 때 그것이 나에게 향하는 것이 수행이고, 남에게 향하는 것이 포교라고 할 수 있습니다. 우리는 포교를 수행이 완성된 다음 해야 한다고 착각하고 있습니다. 절에 자주 안 가는 사람이 자주 가는 불자를 보고 나도 절에 가야겠다는 마음먹게 하는 것이 포교입니다. 생활 그 자체가 포교입니다.

우리는 포교를 하려면 돈이 많이 든다고 합니다. 그러나 포교는 돈이 아니라 관심입니다. 내가 내 삶을 온전하게 하는 것이 포교입니다. 내가 바르면 그것이 최상의 포교라 하겠습니다.

岩度 전 포교원장

1939년 출생
1955년 백양사에서 득도
1979년 조계종 교무부장
1980년 백양사 주지
1985년 조계종 포교원장
1997년 조계종 교육원 원장
승가대학교 교수

自尊과 경애

"모든 생명은 폭력과 죽음을 두려워 한다. 이러한 이치를 자기 몸에 비춰서 남을 생각하라. 모든 생명의 평안을 해치는 사람은 자신의 안락도 영원히 얻지 못하리라."

〈법구경〉 상권 자작품慈作品 제7에 있는 말씀입니다.

이와같이 부처님께서 우리들에게는 자비정신을 가르쳐 주셨습니다. 그런데 요즘 사람들은 어린 소녀를 꾀거나 납치해 윤락가에 팔아 넘긴다하니 참으로 한심한 일입니다.

이것은 사람의 값을 휴지보다 가볍게 여기는 사회악이라고 아니할 수 없습니다. 이렇게 못된 인간들의 행위는 최고의 가치인 생명이 생활의 수단에 지나지 않는 돈과 명예의 종속된 사고思考에서 비롯된 것입니다.

모든 중생은 전생의 자기 인과응보善因善果 惡因惡果로 이 세상에 태어나서 금생에 자기가 지은 업보대로 살다가 죽어 가며 다음 생에 또 자신이 지은 업력에 따라 태어나는 것입니다.

업이란 인간의 기본 요소인데 신身 · 구口 · 의意 삼업입니다. 이 세가지 몸과 마음과 뜻이 움직이면 생각과 말과 행동이 됩니다.

이것이 또 굳으면 뜻과 글과 행위가 되고 다시 쌓이고 쌓여서 뜻은 정신이 되고 글은 문화가 되며 행위는 업적業績이 되어서 결국 인류의 정신문화가 형성되는 것입니다.

인간의 본능적 욕구충족 의지가 생각으로 뻗어나가면 사상思想이 됩니다. 모든 사상은 그 시대사조의 제일주의가 되기도 합니다.

3천년 전의 신화시대를 신본주의神本主義라고 하면 2천년 전은 인간자각人間自覺시대로써 인본주의人本主義라 할 수가 있고 백년전의 산업사회는 물본주의物本主義라 할 수도 있으며 오늘날은 자본주의와 공산주의로 갈라져 있는데 서로가 수정주의修正主義로 변모해 가고 있습니다.

수없이 많은 중생들 가운데 우리가 부모님 덕분에 인간으로 태어난 것은 천만다행입니다.

오늘날 과학의 지식을 통해서 우리는 더욱더 감사한 생각을 갖게 됩니다. 누구든지 어머니의 몸(자궁)에 들어가는 확률이 1억 5천만분의 1이라고 합니다. 히말라야 산꼭대기에서 겨자씨를 떨어뜨려 바늘끝에 꽂히는 것 만큼이나 어렵다는 옛날 사람들의 몸받는 비유가 이해가 됩니다.

따라서 인간의 존엄성은 말할 것도 없고 모든 생명의 신비는 애경畏敬스럽기 한이 없습니다.

그런데 생각이 잘못된 사람들은 자기를 낳아준 부모를 원망하고, 못난 자기 자신을 자학하며, 남의 생명까지 가볍게 여기는 수가 있습니다. 이것은 업보와 윤회에 대한 깊은 이해가 없고 어떤 신의 섭리대로 태어났다가 죽는 것으로만 알기 때문입니다.

만약 인간이 신의 피조물이고 노예라면 가장 불쌍한 존재가 인간입니다.

그러면 그들에게는 신에 대한 아부를 해야만 하는 하인의 근성이 생길 것이며 불평불만이 없을 수도 없습니다.

또 그들은 죽을 때 회개만 하면 된다는 믿음으로 한탕주의가 아니면 향락주의가 되고 인신매매라도 해서 생계를 유지하는 인간말종이 되고 마는 것입니다.

그러나 인간은 누구나 다 생각과 말과 행동으로 자기 자신을 거듭거듭 탄생시키는 위대한 존재입니다.

자기 자신을 존중하는 사람은 다른 사람을 존경하고 사랑합니다. 그러나 자기 자신을 신의 노예(종)로 착각하는 사람은 타인을 멸시하거나 천시할 뿐입니다.

옛스님이 쓴 경책에 이런 말씀이 있습니다. 가슴에 새겼으면 합니다.

『조그만 그 몸뚱이 남의 피로 배불리고 얼마나 탐했는지 무거워 못나르네. 여보게 모기님 피빨기를 그만두소. 그러나 붙잡히면 그 목숨 부지 못하리.』 <懶翁集 月精寺版 48>

양관 통도사 강원 사교과 강사

수행자와 재물

승려들이 만질 수 없는 물건 중의 하나가 돈이라는 사실은 우리가 처음 절에 들어와 배우게 되는 초심初心에서부터 치문緇門 등 많은 경책에서 우리에게 알려주고 있습니다. 위산潙山 대원선사 경책에 보이는 다음 구절은 우리들에게 돈에 대한, 물질에 대한 경계심을 잘 지키도록 알려주는 대표적인 메시지라고 할 수 있습니다.

"금은 나면서부터 빛이 누르므로 본빛이라 하고, 은銀은 물들여서 금과 같이 누렇게 하므로 물들인 것이라 하며, 보물은 칠보七寶와 그런 종류를 말한 것이다. 이것은 모두 탐심을 일으키고 도를 방해하는 것이다. 부처님 계실 때에는 스님들이 모두 밥을 얻어먹고 밥을 짓지 아니하였으며 옷과 집은 모두 시주가 이바지하였고, 금 · 은 · 보물은 손에 쥐지도 말라 하였으니 깨끗했을 것은 말할 나위도 없다.

밭 메다 금을 보고도 본체만체 한 것은 세속선비도 한 일이거늘 빈도貧道라 자칭하는 승려들이 재물을 모아서 무엇하랴. 지금은 저마다 밥을 빌지 못하고 혹 총림에도 있고 암자에도 살고 멀리 다니기도 하는 터이므로 또한 돈을 쓰게도 되지만, 반드시 부처님의 법에는 어긋난 줄을 알고 부끄러운 생각을 가져야 할 것이다. 또 다른 사람들의 가난한 형편을 생각하고 항상 보시를 행할 것이요, 돈을 벌려고 하지 말며, 모아 두지 말며, 장사하지 말며, 귀중한 칠보로 옷과 기구를 장식하지 말아야 한다. 만일 그렇지 않으면 죄를 받을 것이니 어찌 경계하지 아니하랴."

이렇게 위산 스님의 말처럼 경계하면서 살아가야 할 물건 중의 하나인 돈은 우리들에게 수많은 편리와 때로는 행복감(?)마저 주면서 우리를 달콤하게 하기도 하고, 때로는 우리에게 슬픈 좌절을 안겨 주기도 합니다.

어떤 이의 삶들은 돈으로 비구 생활을 영위하는 것 같기도 하고, 어떤 비구는 돈이 없어 병원도 제대로 가지 못하고 있는 현실의 생활에서 그래도 슬픈 돈은 항상 우리를 아니 나 같은 가난함이 당연해야 할 비구들을 괴롭히고 있는 것만은 사실입니다. 가난함이 당연하고 여기서 달콤한 행복을 느껴야 할 텐데도 나같이 깨달음과는 거리가 있는 사람들은 이를 어찌해야 할가요? 고민하지 않을 수 없습니다.

몇 년 전 몇몇 스님과 함께 미얀마를 거쳐 태국의 치앙마이에서 여러 사원을 참배하고 있을 때였습니다. 가이드아 함께 떠난 그 참배길에서 태국 가이드에게 들었던 말이 생각납니다.

"태국 스님들은 돈을 만지지 않는다"라고 했습니다. 그래서 의아해 하던 나는 그러면 어떻게 생활을 영위해 나가느냐고 물었고 그 가이드의 대답은 "옛날은 모르겠지만 요즘은 카드를 쓴다"는 것이었습니다.

초심자인 내게 있어서 이 카드와 돈과 구분을 어떻게 지어야 하는가 하는 의심을 자아내게 하기에 충분했습니다.

뒤에 와서 어렴풋이 '태국 스님들의 고육지책苦肉之策'을 생각하게 되었지만, 지금도 그 의문의 꼬리는 잘려지지 않고 내게 남아 있습니다. 그러면 돈을 직접 쓰면 될 것이지 하는 우리들의 일반적인 항변 아닌 항변과 함께 말입니다.

그러나 한편으로 생각해 보면 이러한 고육지책이 우리들의 물신주의에 대한 하나의 모범이 될 수 있다는 생각을 한 적이 있습니다.

요즘의 사회에서 돈을 쓰지 않고 혹은 카드를 쓰지 않고는 경제생활을 영위할 수 없는 것이 사실입니다.

자기 자신의 검소한 생활을 영위하기 위해서라든지 포교활동을 위해서 쓰이는 등등의 돈은 아주 적절하게 유용하게 쓰여져야 하리라 봅니다.

그리고 삼보정재는 적절하게 쓰여져야 하고 또한 평등하게도 쓰여져야만 할 것입니다. 또한 투명성을 가지고 쓰여져야만 우리의 비구생활을 망치지 않게 될 뿐만 아니라, 우리들의 승가에 들어 온 삼보정재를 잘 관리하고 잘 보존해 갈 수 있을 것입니다.

이런 방법 중에서 좋은 방법이 많이 연구되고, 우리의 마음도 밝아져야만 되겠지만, 중생세간 속에 살면서 우리가 스스로 투명성을 가질 수 있는 방법 중의 하나가 모든 비구들이 카드를 가지고 경제생활을 영위하는 것도 좋으리라는 생각이 듭니다.

일정한 한도 내에서 생활 용품을 구입하고 필요한 교재를 구입하고, 경전을 구입해서 공부를 하고 우리의 승복을 구입하는 등의 모든 일에 카드를 쓴다면, 투명한 일 외에 돈을 쓸 수 없게 원천 봉쇄하는 출발점으로 삼을 수 있지 않을까 싶습니다.

그리고 많은 부자들이 부처님의 말씀을 따라 우물 같은 부자가 되기를 바랍니다.

별역 〈잡아함경〉에 나오는 부처님의 말씀 입니다.

부처님께서 왕에게 말씀하셨습니다.

"대왕이여, 훌륭한 장부는 재산을 지니면 능히 스스로 베풀어 쓰거나, 바르게 즐거움을 누리며, 또한 스승과 부모, 처자, 권속, 노비, 하인, 친구, 아는 이에게 공양하거나 이바지하며, 나아가 사문 · 바라문과 빈궁한 걸인들에게도 공양하면서 모두 베풀어 주나니, 이와 같은 착한 사람은 재물과 보배로 최상의 업을 지어서 쾌락을 누리고 천상에 태어나는 인연을 짓는다고 할 수 있소. 그리고 이런 사람이야마로 재물을 모아서 큰 선업을 성취하오.

비유컨대 성읍과 촌락의 근처에 맑고 시원한 못이 있어서 좋은 물이 흘러나오며, 그 못의 사방 주변이 평탄하고 판판해서 많은 나무숲과 갖가지 꽃과 과일이 있으며, 부드러운 풀이 그 땅에 두루 분포되어서 모든 사람들이 그곳에서 목욕하고 마실 수 있으며, 나는 새와 기는 짐승들도 그곳에서 날고 즐기는 것과 같다고 하겠소.

훌륭하고 굳건한 장부도 마찬가지이니, 천상에 태어날 수 있고 큰 선업善業을 성취하오."

影潭 부천 석왕사 주지

1951년 출생
1966년 청암사에서 고산스님을 은사로 득도
1991년 부천 시민신문 발행인
제 10 · 11 · 12대 중앙종회 의원
1995년 불교방송 이사
2006년 현재 동국대 재단 이사

사랑받는 아내

부처님에게 기원정사를 지어 바친 수달다 장자에게 옥야玉耶라는 며느리가 있었습니다. 부자집 딸로 미모가 뛰어났던 옥야는 자만심에 가득차 누구도 자기를 가르치고 허물할 사람이 없다고 생각했습니다.

그녀의 오만방자함은 하늘 높은 줄 몰랐습니다. 많은 사람들이 부처님께 예배하는 것을 보면 콧방귀를 뀌었고 시부모와 남편도 우습게 여겼습니다. 그야말로 안하무인이었습니다.

그런 과보때문일까, 옥야는 몹쓸 병에 걸렸습니다. 그녀는 어느날 갑짝히 부스럼이 나기 시작하더니 온몸에 번졌는데 백

약을 써도 낫지 않았습니다. 아름다운 미모는 가장 추악한 얼굴이 되고 말았습니다.

어느날 부처님은 수달다 장자의 청을 받아 그녀를 찾아갔습니다. 그녀는 자신의 추악해진 몰골이 부끄러워 어찌 할 바를 몰랐습니다. 부처님은 그녀를 불쌍히 여겨 설법을 해주었습니다.

"옥야여, 이 세상에서 가장 아름다운 여자는 마음이 아름다운 사람이다. 얼굴의 아름다움이야 늙고 병들면 변하지만 마음의 아름다움은 영원히 변하지 않는 것이니라." <옥야경>

부처님의 말씀을 들은 옥야는 마음이 편안해짐을 느꼈습니다. 부처님의 발아래 엎드려 진심으로 설법을 간청했습니다. 부처님은 그녀를 위해 「일곱가지 아내」의 비유를 들어 설법하셨습니다.

부처님은 첫째, 남편을 죽이는 아내가 있다고 말했습니다. 예를 들면 이런 여자입니다.

남편이 외출에 나가 피땀흘려 일하여 번돈을 보내왔는데 아내는 춤바람이 나서 보낸 돈을 다 탕진하고 어디론가 사라졌습니다. 가정으로 돌아온 남편은 분함을 참지 못해 자살하고 말았습니다. 어찌 남편을 죽이는 여자라 하지 않을 수 있겠습니까.

둘째는 도둑같은 여자라 했습니다. 남편이 열심히 일해 벌어 준 돈을 규모있게 쓰지 않고 낭비하는 여자가 여기에 해당합니다. 허영에 들떠 수입은 생각않고 지출을 과다하게 한다면 집안살림은 도둑맞은 것보다 더 심한 파탄에 빠지지 않을 수 없습니다. 도둑같은 여인이란 이를 두고 하는 말입니다.

세째는 주인같은 여자입니다. 남편을 종처럼 부리며 「돈버는 기계」쯤으로 여겨서 고승도치 가시보다 거친 말을 합니다. 이런 여자의 남편은 불쌍한 남자입니다.

네째는 어머니같은 아내입니다. 일터에서 몸과 마음이 지쳐서 돌아온 남편을 따뜻한 사랑으로 맞아주고 포근히 감싸는 여자가 어머니같은 아내입니다.

다섯째는 누이동생같은 아내입니다. 항상 어려움을 함께 나누며 걱정과 기쁨을 함께 하는 여자가 누이동생같은 아내입니다.

여섯째는 친구같은 아내입니다. 부모형제나 친척에게도 할 수 없는 말을 친구에게는 할 수 있듯이 모든 얘기를 다 들어주는 여자가 친구같은 아내입니다.

일곱째는 하인과 같은 아내입니다. 남편이 시키는대로 고분고분하며 늘 존경하는 여자가 하인같은 아내입니다.

부처님은 「일곱가지 아내」 가운데 원수같고 도둑같고 주인같은 아내는 남편으로부터 사랑받을 수 없으며 미모가 아무리 뛰어나도 마침내 불행해질 것이라고 했습니다.

반면 어머니같고 하인같은 여자는 사랑받으며 행복하게 살 수 있다고 말했습니다. 부처님의 설법을 들은 옥야는 마음을 고쳐먹고 사랑받는 아내, 아름다운 아내가 되었음은 물론입니다.

가정의 평화와 행복은 아내가 아내의 도리를 다할 때 지켜집니다. 아름다운 마음을 가진 사람은 불행조차도 아름답다는 말이 있습니다.

「불자佛子 아내」들은 모두 부처님이 〈옥야경玉耶經〉에서 말씀한 가르침을 가슴깊이 새겨야 할 것입니다.

映道

1950년 출생
1965년 범어사에서 성준스님을 은사로 득도
1977년 설악암 오세암 주지
1978년 백담사 주지
1986년 심원사 · 자인사 주지
1987년~90 조계종 포교원 연수부장 · 포교부장
2006년 현재 고성 건봉사 주지

좋은 그림을 그리자

흔히들 불교를 「마음의 종교」라고 합니다. 철두철미 마음을 가르치고 마음의 본체를 찾아 주체적 삶을 살도록 하는 것이 불교라는 것입니다. 왜 그럴까요. 마음이 모든 것의 주인이기 때문입니다.

사람의 마음은 마치 화가畵家와 같습니다. 생활이라는 화폭에 온갖 그림을 그립니다.

악을 생각할 때 사람의 얼굴은 험상궂고 선을 생각하면 환한 천진미소를 띠게 됩니다. 평화를 생각하면 편안해지고 성내면 어두워집니다. 부정적인 생각 · 불평 · 불만은 불운한 환경과 처지를 끌어오게 됩니다.

그래서 〈화엄경〉은 이렇게 말하고 있습니다.

"마음은 마치 화가와 같으니
한생각 일어나면 여러가지 현상이 따라서 생기고
그것이 사라지면 또한 모든 현상도 소멸한다.
마음 밖에 따로 법이 없거늘 달리 무엇을 구하리요.
心如工畵師 心生卽種種法生
心滅卽種種法滅 心外無法 胡用別求

여기에 볼펜과 원고지가 있습니다. 그것은 본래부터 그런 모양이 있던 것이 아닙니다. 마음이 그같은 형상을 짓고 줄을 그었기 때문에 볼펜의 모양, 원고지의 모양이 만들어진 것입니다. 달나라로 날아가는 로케트도 마음이 만든 것입니다.

물질적인 것만이 아닙니다. 환경이나 건강 운명이라는 것도 마음의 소작所作입니다.

우리가 늘 평화롭고 감사하는 마음, 모든 만물을 예경하고 모든 사람과 화해하는 마음을 갖는다면 불화와 반목은 침입 할 구멍이 없을 것입니다.

반대로 언제까지 남을 미워하고 억누르려 한다면 우리 사회는 한 사람이 마음을 바르게 갖는다고 전체가 다 정의로운 사회가 되는 것은 아닙니다.

사회는 사회구조에 의한 별도의 생명력으로 굴러갑니다. 불교는 이것을 공업共業이라고 합니다. 그러나 개개인에게는 사회구조와는 관계없이 혼자만의 고유한 업이 있습니다.

이를 불공업不共業이라 합니다. 개인과 사회는 공업共業과 불공업不共業이 상관관계를 이루면서 상호변화해 가는 것이 우리들 삶의 현상입니다.

여기서 가장 중요한 것이 마음입니다. 마음을 어떻게 쓰느냐에 따라 창조적인 자기변혁이 이루어지고 나아가 사회구조 자체도 변합니다.

무당이나 점쟁이들이 있는 사이비 절에 가보면 불상佛像이나 불화佛畵가 한결같이 조잡하고 표정이 음산해 보입니다. 환경도 음울하고 지저분합니다.

똑같은 부처님인데 왜 그렇게 보이는 것일까요. 그것은 그 부처님을 모시는 사람의 전 인격이 고스란히 밖으로 표출되었기 때문입니다.

그 주인의 정신 축적, 즉 업력이 그와같은 불상을 선택케 했고 또 그런 분위기를 연출해 내고 있는 것입니다.

반대로 태고의 얼이 담긴 천년고찰의 불상을 보면 어딘지 모르게 맑고 온화한 느낌을 받게됩니다. 같은 논리로 말한다면 스님들이 바른 생각으로 수도하고 공양하기 때문입니다.

같은 물이라도 뱀이 마시면 독이 되고 소가 먹으면 젖이 된다고 했습니다. 주변의 모든 조건을 자신의 업력으로 바꾸어가고 있는 것입니다.

모든 일은 자신 속에 내재합니다. 내가 옳은 것, 밝은 것, 거룩한 것을 믿고 말하고 행동하면 반드시 그 일이 성취되어집니다. 건강해질 수 있다고 믿고, 행복해질 수 있다고 믿으며 어두운 생각, 소극적이고 부정적인 생각을 몰아낸다면 우리의 가슴에는 밝음이 충만할 것입니다.

충만한 밝음은 우리의 삶을 더욱 밝게 만들 것입니다.

마음을 밝고 바르게 갖고 살 일입니다.

永照

1952년 출생
1967년 송광사 보성스님을 은사로 득도
1984년 광주 증심사 주지
1985년 총무원 사회 · 재무부장
불교교육원 원장
조계종 중앙종회 11 · 12대 의원
2006년 송광사 주지 (현)

남을 탓하지 말라

절집 같이 말이 많은 곳도 없습니다. 대중과 함께 살다보면 허물이 조금만 있어도 어느새 천리를 달려갑니다. 그릇 된 허물을 덮어 준들 좋은 일만은 아니겠지만 그 진의도 모르면서 무책임한 말을 전하는 것을 보면 그렇게 말하는 사람의 인격이 의심스러워 지기도 합니다.

요즘 세상은 정치인과 경제인들의 비리문제 등으로 꼬리에 꼬리를 물고 업공해도 심각합니다. 먹고 놀다 버린 오물이 넘치고 산업폐기물이 넘치며, 공단 노동자의 산업병은 사회문제로 등장하고 있습니다.

이것은 개인과 사회가 함께 만들어 내는 것입니다. 따라서 모두에게 공통의 책임이 있다는 얘기입니다.

정작 남의 허물을 말하고 가르침을 줄 수 있는 사람이라면 자기 자신의 허물과 게으름이 없어야 할 것입니다. 이웃의 착한 선행은 그렇게도 우리들 자신이 행하고 싶었던 원력임을 안다면 수희찬탄해야 할 일입니다.

이웃의 공덕을 따라서 기뻐하고 함께 나누는 것은 실로 그분이 쌓은 공덕과 똑같은 공덕을 누리는 일입니다. 그래서 자비는 곧 여래라 하지 않았습니까.

이웃을 칭찬하고 함께 나누는 기쁨일 때 진정한 이웃이 되고 자기 영역도 열린 마음만큼 넓어질 것입니다.

이웃을 찬탄할 때 옹졸한 마음과 시기하고 질투하는 마음이 사라집니다. 자기자신을 텅 비우지 않으면 실로 이웃을 모실 자리가 없습니다. 무심한 그곳에서 진정 동체 대비심이 일어납니다.

남의 허물을 말하지 말고 이웃을 찬탄한다는 것은 자신의 내면에 찬탄 받을 만한 덕스러운 행을 드러내는 삶이어야 합니다. 모든 이웃들은 실로 존재의 신비스런 광휘를 발하고 있으며 그래서 대자연과 우주법계가 그대로 청정법신 비로자나불이라 말할 것입니다.

만나는 사람마다 분노에 찬 말을 마다하지 않으며 질책을 합니다. 마땅히 척결해야 할 비리요 욕을 먹어도 싸기는 한 일입니다.

다시는 이땅에 이러한 부끄러운 일이 재현되지 말아야 하겠습니다. 인과응보의 가르침에 대해 조용히 반조해볼 필요가 있습니다.

〈법구경〉에 이런 말씀이 있습니다.

"남의 허물을 보지 말라.
남이 했건 말았건 상관하지 말라.
다만 내 자신이 저지른 허물과 게으름만을 보라."

여기에 남의 허물을 보지 말라한 것은 그 허물의 그릇됨이 나와는 상관없느니 제 할일만 하라는 무책임한 이기주의적 입장에서 라는 의미가 아닙니다. 진정 남의 허물은 자기의 허물을 보듯 해야한다는 뜻입니다.

남이 보이는 허물을 통해서 사회공동체의 일원으로 부끄러워 하라는 뜻입니다. 아울러 나누어 책임지려는 반성과 성찰로 다시는 허물이 재현되지 않도록 자신의 원력으로 정화하고 승화시키도록 애써 정진해야합니다. 이것이 참다운 불자佛子의 자세입니다.

흔히 요즘 세상사를 인간소외라 합니다. 소외란 누군가 우리를 밀쳐내는 것이 아니라 이웃과 사물에 대한 이해와 신뢰가 없기 때문입니다.

또 인간부재라 합니다. 예절바르고 동정심 넘치며, 의롭고, 희생과 봉사정신이 넘치는 떳떳한 정신이 깃든 사람됨이 없다는 데서 나온 말입니다.

인간공해라는 말도 있습니다. 인간소외, 인간부재에서 오는 비인간적인 삶의 방식은 인간공동체에 막대한 위협을 준다는 얘기입니다.

현도 법안정사 전 총무

누가 종말론을 말하는가

불교는 운명론과 숙명론도 부정합니다. 불교는 창조론이 아니라 연기론緣起論입니다. 불교는 종말론이 아니라 무시무종無始無終의 윤회론輪廻論이며 그 윤회의 해탈을 궁극적 목표로 합니다. 시작도 없고 끝이 없습니다無始無終. 온 곳이 없으니 가는 곳이 없습니다. 이것은 상근기에서 바라본 이론이고, 하근기에서도 지구는 영원합니다. 다만 인간이 사라질 뿐입니다. 수명이 다하여 자연사하든, 인과응보로 인하여 교통사고로 죽든… 모두 자기가 지은 만큼의 과보로 사라져갈 뿐입니다.

비명횡사를 하더라도 그는 비명횡사할 수밖에 없는 복업福業

을 지었기 때문입니다. 연탄가스로 죽더라도 그는 연탄가스를 마시고 죽을 수밖에 없는 복업밖에 짓지 못했기 때문입니다. '이것이 있으므로서 저것이 있고 저것이 없으면 이것이 없습니다.' 이게 바로 연기론緣起論의 원리입니다.

확실히 단언하여 묻노니 진정 자신이 태어나길 원해서 사람의 몸을 받고 태어났던가요. 나는 원하지 않았는데 인因과 연緣에 의하여 태어났고, 나는 오래오래 영원히 살고 싶지만 그러나 죽어야만 합니다. 진정 자신이 원해서 죽는 사람이 있습니까(자살자는 예외다). 본인이 원해서 늙어가는 사람은 어디 한번 자신있게 나서보라십시요. 그런데도 이런 인간을 하나님이 창조했더란 말입니까? 그래서 태어나는 것도 하나님 영광이요 병들어 늙어 죽는 것도 하나님의 영광이란 말입니까?

불교에서 바라본 확실한 응답은, 이 우주 만유萬有는 변치 않고 변합니다. 변하는 것은 변치 않고 변합니다. 이것이 제행무상諸行無常입니다. 그리고 제법실상에 '나'란 존재하지 않습니다. 이게 제법무아諸法無我의 원리입니다. 변하는 것은 변치 않고 변하는데無常 어찌 종말終末이 있으며, 이 세상 그 어디에도 내가 존재하지 않는데無我 무슨 종말이 있을 것입니까.

그럼 내 실체가 없다는 불교의 무아설無我說은 무엇일까요. 여기에 종말이 있다는 '나'와 종말이 없다는 '나'가 있다고 가정합시다. 지구의 종말이 온다는 '나'를 참나 본래의 나 라고 한다면 종말이 없다는 '나'는 '나'가 아니지 않습니까. 또 종말이 오지 않는다고 믿는 '나'를 '참나'라고 할 것 같으면 종말은 온다고 믿는 '나'는 '나'가 아니지 않습니까. 종말이 온다는 '나'를 '참나'라고 한다면 어찌하여 이 마음이 변하여 종말이 오지 않는다는 '나'가 되겠습니까. 어느것이 '참나眞我' 입니까.

우리는 잠시 육체라는 옷을 빌려 입고 사는 '가짜의 나'를 '진짜의 나'로 착각하고 삽니다. 〈반야심경〉에도 나오듯이 이건 전도몽상顚倒夢想입니다. 꿈속에서 뒤바뀐 생각, '참나眞我'가 아닌 '가짜의 나忘我'를 '진짜의 나'인 것으로 착각함으로써 나, 내것, 내돈, 내자식, 내집, 내 명예…… 따위에 집착합니다. 그걸 '실제의 나實我'인 것으로 믿기 때문에 탐욕이 싹틉니다. 이게 범부중생의 생활 모습입니다. 때문에 불교에서는 이 '육체의 나假我'를 철저히 배척합니다.

저들은 곧잘 말합니다. 예수를 믿으면 하나님의 영접을 받아 천국에 나고 그렇지 않으면 지옥으로 간다고. 아니, 지옥이 어디 내가 가고 싶다고 해서 내 마음대로 갈 수 있는 제주도이며, 미국입니까. 원수를 사랑하라면서 어찌하여 예수님 안 믿는 사람들을 적으로 몰아 가며, 사탄이라고 적대시 합니까.

저들은 깨달아 부처成佛가 되었다 하지 않고 '부활했다'고 합니다. 무엇하러 부활했습니까. 최후의 심판을 내리기 위해 부활했습니까? 신을 찬양하고 신에게 영광을 돌리지 않는 가련한 백성들을 벌주기 위해 부활했습니까? 도대체 이런 만행이 어디 있습니까. 그렇다면 신의 잘못은 누가 심판하며, 신은 누가 벌을 준단 말입니까?

불교는 나랏법國法이 버린 중생을 버리지 않습니다. 불교는 지옥중생도 버리지 않습니다. 적이없고 원수가 없습니다. 우리가 사랑해야 할 원수가 없는데 무슨 원수를 사랑할 것 입니까. 불교는 예수 안 믿어서 하나님이 지옥으로 보내는 그 인간조차도 버리지 않습니다. 지옥이 존재하는 한은, 이 지옥에 남아있는 마지막 한 중생까지 모두 제도하지 않는 한은 성불成佛을 뒤로 미루겠노라고까지 선언하신 분이 바로 지장보살님입니다. 내가 먼저 부처가 되겠다는 것이 아니라 지옥에 남아있는 마지막 중생까지 전부 제도하여 견져내지 못하면 나는 결코 부처가 되지 않겠노라는 대자대비심입니다.

나고 죽고 나고 죽고, 자꾸자꾸 나고 죽는 이 육체가 부활한다는 기독교의 종말론은 세상에 억지는 이런 억지도 없습니다. 나고 죽고 나고 죽고, 최소한 나고 죽는다는 생사生死의 문제도 해결하지 못하면서 부활한다는 저들의 종말론은 그 허구성을 지적하지 않을 수 없습니다. 이건 우리가 반드시 짚고 넘어가야 할 문제입니다.

인연에 의하여 부모로부터 사람의 몸을 받고 태어났을 뿐인

나 때문에 육체를 가진 나 때문에 변하는 것은 변치 않고 변하여諸行無常 사라질 뿐인 나, 그런 '나' 의 '나' 가 저들의 허황된 종말론에 현혹되어서는 안될 것입니다.

저들은 미래에 종말이 온다고 생떼를 씁니다. 이 생떼를 빌미로 미래를 구속하려 합니다. 생사의 속박도 벗어나지 못하면서 말입니다. 도대체 저들의 생떼를 세 살 먹은 어린아이의 어리광쯤으로 치부하여 맞상대할 만한 일고의 가치도 없는 것이지만, 종말이라는 것은 '심판의 날' 이 온다고 주장하는 사람들에게나 스스로 종말이 있을 뿐임을 엄연히 알아야겠습니다. '심판의 날' 이 오고 '종말' 이 와도 예수만 믿으면 영원히 산다永生합니다.

물질로서의 육체肉體를 가진 '나' 가 죽지 않고 영원히 산다고 합니다. 심판을 받아 종말이 오는데 죽지 않는다고 합니다. 물질로서의 이 육체는 영원성을 갖고 있지 못함을 저들은 왜 모르는지 모르겠습니다. 죽음을 전제로 하는 영생은 이미 영생이 아님을 저들은 왜 모르는지 모르겠습니다.

종말론이나 퍼뜨려 이 나약하고 가련하기 그지없는 백성들을 공포의 분위기로 몰아넣고 있는 저들의 협박 · 공갈에 동요되지 말고, 우리 모두 부처님 법佛法으로 돌아갑시다. 진리(다르마. Dharma)로 돌아갑시다. 불법은 영원히 영원합니다

名설법 名법문(Ⅰ)

2007년 6월 20일 인쇄
2007년 7월 5일 발행
2015년 3월 10일 2쇄
편 자 / 佛敎新聞社
펴낸이 / 金 正 信
펴낸곳 / 弘 法 院
기 획 / 金 大 圓
교 정 / 金 摩 耶, 賈 知 英
주 소 / 서울시 종로구 견지동 55-2
전 화 / (02)734-7614
(02)739-8745
팩 스 / (02)735-2344
등록번호 / 제1-450호 1968년 5월 20일

정 가 / 25,000원

* 잘못 만들어진 책은 바꿔드립니다.